淨口業眞言
정구업진언

수리수리 마하수리 수수리 사바하 (3번)

五方內外 安慰諸神眞言
오방내외 안위제신진언

나무 사만다 못다남 옴 도로도로 지미 사바하 (3번)

開經偈
개경게

無上甚深微妙法	百千萬劫難遭遇
무상심심미묘법	백천만겁난조우

我今聞見得受持	願解如來眞實義
아금문견득수지	원해여래진실의

開法藏眞言
개법장진언

옴 아라남 아라다 (3번)

金剛經 四句偈

凡所有相은 皆是虛妄이니
若見諸相非相이면 卽見如來니라

무릇 상(내 마음속의 분별망상)이 있는 바는 모두 허망한 것이니,
만약 상이 상이 아님을 보면 곧 여래를 볼 것이다.

不應住色生心하며 不應住聲香味觸法生心하니
應無所住하야 而生其心이니라

응당 색에 머물러서 마음을 내지 말며 응당 성향미촉법에 머물러서 마음을
내지 말 것이니, 응당 머무는바 없이 그 마음을 낼 것이니라.

若以色見我거나 以音聲求我하면
是人行邪道이니 不能見如來니라

만약 형상으로 나를 보거나 음성으로 나를 구하면, 이 사람은 삿된 도를
행함이니 능히 여래를 보지 못한다.

一切有爲法이 如夢幻泡影이며
如露亦如電이니 應作如是觀이니라

일체 현상계의 모든 생멸법은 꿈과 같고 환상과 같고 물거품과 같고 그림자
같으며, 이슬과도 같고 번개와도 같으니, 응당 이와 같이 관해야한다.

金剛般若波羅蜜經

姚秦 三藏法師 鳩摩羅什 奉詔譯

法會因由分 第一

如是我聞하오니 一時에 佛이 在舍衛國 祇樹給孤獨園에서 與大比丘衆 千二百五十人으로 俱하시다 爾時에 世尊이 食時라 着衣持鉢하시고 入舍衛大城하야 乞食하실때 於其城中에 次第乞已하시고 還至本處하야 飯食訖하시고 收衣鉢하시고 洗足已하시고 敷座而坐하시다

善現起請分 第二

時에 長老須菩提 在大衆中에서 卽從座起하고 偏袒右肩하고 右膝着地하고 合掌恭敬하야 而白佛言하되

希有世尊이시여 如來 善護念諸菩薩하시며 善付囑諸菩薩하시나이다 世尊이시여 善男子善女人이 發阿耨多羅三藐三菩提心인데는 應云何住며 云何降伏其心이니까

佛言하시되

善哉善哉라 須菩提야 如汝所說하야 如來 善護念諸菩薩하시며 善付囑諸菩薩하시니 汝今諦聽하라 當爲汝說하리라 善男子善女人이 發阿耨多羅三藐三菩提心인데는 應如是住며 如是降伏其心이니라

唯然이니다 世尊이시여 願樂欲聞하나니다

大乘正宗分 第三

佛告 須菩提하시되

諸菩薩摩訶薩은 應如是降伏其心이니 所有一切衆生之類이 若卵生 若胎生 若濕生 若化生 若有色 若無色 若有想 若無想 若非有想非無想을 我皆令入無餘涅槃하야 而滅度之하리니 如是滅度

無量無數無邊衆生하되 實無衆生이 得滅度者니라

何以故오 須菩提야 若菩薩이 有我相 人相 衆生相

壽者相이면 卽非菩薩이니라

妙行無住分　第四

復次 須菩提야 菩薩은 於法에 應無所住하야 行於

布施니 所謂不住色布施며 不住聲香味觸法布施니라

須菩提야 菩薩은 應如是布施하야 不住於相이니

何以故오 若菩薩이 不住相布施며는 其福德은

不可思量이니라

須菩提야 於意云何오 東方虛空을 可思量不아

不也니다 世尊이시여

須菩提야 南西北方과 四維上下虛空을 可思量不아

不也니다 世尊이시여

須菩提야 菩薩의 無住相布施福德이 亦復如是하야

不可思量이니라 須菩提야 菩薩은 但應如所敎住니라

如理實見分 第五

須菩提야 於意云何오 可以身相으로 見如來不냐

不也니다 世尊이시여 不可以身相으로 得見如來니

何以故오 如來所說身相이 卽非身相이니다

佛告 須菩提하시되

凡所有相은 皆是虛妄이니

若見諸相非相이면 卽見如來니라

正信希有分 第六

須菩提 白佛言하되

世尊이시여 頗有衆生이 得聞如是言說章句하고

生實信不이니까

佛告 須菩提하시되

莫作是說하라 如來滅後 後五百歲에 有持戒

修福者하야 於此章句에 能生信心하야 以此爲實하리니

當知是人은 不於一佛二佛三四五佛에 而種善根이라

已於無量 千萬佛所에 種諸善根하고 聞是章句하야

乃至一念이라도 生淨信者니라 須菩提야 如來 悉知

悉見이니 是諸衆生이 得如是無量福德이니

何以故오 是諸衆生은 無復我相 人相 衆生相

壽者相이며 無法相이며 亦無非法相이니 何以故오

是諸衆生이 若心取相하면 卽爲着我人衆生壽者니

若取法相이라도 卽着我人衆生壽者니 何以故오

若取非法相이라도 卽着我人衆生壽者니라

是故로 不應取法이며 不應取非法이니 以是義故로

如來常說하시되 汝等比丘는 知我說法을 如筏喩者니

法尚應捨어늘 何況非法이라

無得無說分 第七

須菩提야 於意云何오 如來 得阿耨多羅三藐三

菩提耶아 如來 有所說法耶아

須菩提言하되

如我解佛所説義로는 無有定法을 名阿耨多羅三

藐三菩提며 亦無有定法을 如來可説이니

何以故오 如來所説法은 皆不可取며 不可説이며

非法이며 非非法이니 所以者何오 一切賢聖이

皆以無爲法으로 而有差別이니다

依法出生分 第八

須菩提야 於意云何오 若人이 滿三千大千世界七

寶로 以用布施하면 是人의 所得福德이 寧爲多不야

須菩提言하되

甚多니다 世尊이시여 何以故오 是福德이 卽非福

德性이니 是故로 如來説福德多이니다

若復有人이 於此經中에 受持乃至四句偈等하야

爲他人説하면 其福이 勝彼니 何以故오 須菩提야

一切諸佛과 及諸佛 阿耨多羅三藐三菩提法이

皆從此經出이니라 須菩提야 所謂佛法者도 卽非

佛法이니라

一相無相分 第九

須菩提야 於意云何오 須陀洹이 能作是念이면 我得須陀洹果不냐

須菩提言하되

不也니다 世尊이시여 何以故오 須陀洹은 名爲入流로되 而無所入하야 不入色聲香味觸法이니 是名須陀洹이니다

須菩提야 於意云何오 斯陀含이 能作是念이면 我得斯陀含果不냐

須菩提言하되

不也니다 世尊이시여 何以故오 斯陀含은 名一往來로되 而實無往來이니 是名斯陀含이니다

須菩提야 於意云何오 阿那含이 能作是念이면 我得阿那含果不냐

須菩提言하되

不也니다 世尊이시여 何以故오 阿那含은 名爲不來로되 而實無不來이니 是故로 名阿那含이니다

須菩提야 於意云何오 阿羅漢이 能作是念이면

我得阿羅漢道不아

須菩提言하되

不也니다 世尊이시여 何以故오 實無有法하야 名

阿羅漢이오니 世尊이시여 若阿羅漢이 作是念하되

我得阿羅漢道라하면 卽爲着我人衆生壽者이니다

世尊이시여 佛說我得無諍三昧 人中에 最爲第一이라

是第一離欲阿羅漢이라하시니 世尊이시여 我不作是念하되

我是離欲阿羅漢이니다 世尊이시여 我若作是念하되

我得阿羅漢道라하면 世尊께서는 卽不說須菩提가

是樂阿蘭那行者니 以須菩提가 實無所行이니

而名須菩提가 是樂阿蘭那行이니다

莊嚴淨土分 第十

佛告 須菩提하시되

於意云何오 如來가 昔在然燈佛所에 於法에 有所得不아

不也니다 世尊이시여 如來 在然燈佛所에 於法에 實無所得이니다

須菩提야 於意云何오 菩薩이 莊嚴佛土不아

不也니다 世尊이시여 何以故오 莊嚴佛土者는 卽非莊嚴이니 是名莊嚴이니다

是故로 須菩提야 諸菩薩摩訶薩이 應如是生淸淨心하니

不應住色生心하며 不應住聲香味觸法生心하니

應無所住하야 而生其心이니라

須菩提야 譬如有人이 身如須彌山王하면 於意云何오 是身이 爲大不아

須菩提言하되

甚大니다 世尊이시여 何以故오 佛說非身이 是名大身이니다

無爲福勝分 第十一

須菩提야 如恒河中所有沙數하야 如是沙等恒河를

於意云何오 是諸恒河沙가 寧爲多不냐

須菩提言하되

甚多니다 世尊이시여 但諸恒河도 尚多無數거늘

何況其沙이니까

須菩提야 我今에 實言으로 告汝하노니 若有善男子

善女人이 以七寶로 滿爾所恒河沙數 三千大千

世界하야 以用布施하면 得福이 多不냐

須菩提言하되

甚多니다 世尊이시여

佛告 須菩提하시되

若善男子善女人이 於此經中에 乃至受持四句

偈等하야 爲他人說하면 而此福德은 勝前福德이니라

尊重正教分 第十二

復次 須菩提야 隨說是經하되 乃至四句偈等하면
當知此處는 一切世間 天人阿修羅가 皆應供養을
如佛塔廟거늘 何況有人이 盡能受持讀誦이랴
須菩提야 當知是人은 成就最上第一希有之法이니
若是經典所在之處는 卽爲有佛이니 若尊重弟子니라

如法受持分 第十三

爾時에 須菩提 白佛言하되

世尊이시여 當何名此經이며 我等이 云何奉持하리까

佛告 須菩提하시되

是經은 名爲金剛般若波羅蜜이니 以是名字로
汝當奉持하라 所以者何오 須菩提야 佛說般若
波羅蜜은 卽非般若波羅蜜이니 是名般若波羅蜜이니라

須菩提야 於意云何오 如來 有所説法不냐

須菩提 白佛言하되

世尊이시여 如來 無所説이니다

須菩提야 於意云何오 三千大千世界 所有微塵이

是爲多不냐

須菩提言하되

甚多니다 世尊이시여

須菩提야 諸微塵은 如來説 非微塵이니 是名微塵이니라

如來説 世界도 非世界이니 是名世界니라

須菩提야 於意云何오 可以三十二相으로 見如來不냐

不也니다 世尊이시여 不可以三十二相으로 得見如來니

何以故오 如來説 三十二相은 卽是非相이니

是名三十二相이니다

須菩提야 若有善男子善女人이 以恒河沙等身命으로

布施하고 若復有人이 於此經中에 乃至受持四句偈等하야

爲他人説하면 其福이 甚多니라

離相寂滅分 第十四

爾時에 須菩提 聞說是經하고 深解義趣하야 涕
淚悲泣하며 而白佛言하되

希有世尊이시여 佛說如是甚深經典은 我從昔來에
所得慧眼으로는 未曾得聞 如是之經이니다

世尊이시여 若復有人이 得聞是經하고 信心淸淨하면
卽生實相하리니 當知 是人은 成就第一希有功德이니다

世尊이시여 是實相者는 卽是非相이니 是故로 如來
說名實相이니다

世尊이시여 我今에 得聞如是經典하고 信解受持는
不足爲難이지만 若當來世 後五百歲에 其有衆生이
得聞是經하고 信解受持하면 是人은 卽爲第一希有니

何以故오 此人은 無我相 無人相 無衆生相
無壽者相이니 所以者何오 我相이 卽是非相이며
人相 衆生相 壽者相도 卽是非相이니 何以故오
離一切諸相하면 卽名諸佛이니다

佛告 須菩提하시되

如是如是니라 若復有人이 得聞是經하고 不驚
不怖不畏하면 當知 是人은 甚爲希有니 何以故오
須菩提야 如來說 第一波羅蜜은 卽非第一波羅蜜이니
是名第一波羅蜜이니라 須菩提야 忍辱波羅蜜도
如來說 非忍辱波羅蜜이니 是名忍辱波羅蜜이니라
何以故오 須菩提야 如我昔爲歌利王에 割截身體해도
我於爾時에 無我相 無人相 無衆生相 無壽者相이니
何以故오 我於往昔 節節支解時에 若有我相
人相 衆生相 壽者相이면 應生嗔恨하리라
須菩提야 又念하니 過去於五百世에 作忍辱仙人하야
於爾所世에 無我相 無人相 無衆生相 無壽者相이니
是故로 須菩提야 菩薩은 應離一切相하고 發阿耨
多羅三藐三菩提心이니 不應住色生心하며 不應住
聲香味觸法生心하야 應生無所住心이니라 若心
有住면 卽爲非住니 是故로 佛說菩薩은 心不應住
色布施니라 須菩提야 菩薩은 爲利益一切衆生하야

應如是布施니 如來說 一切諸相은 卽是非相이며
又說一切衆生도 卽非衆生이니라

須菩提야 如來는 是眞語者며 實語者며 如語者며
不誑語者며 不異語者니라 須菩提야 如來所得法은
此法이 無實無虛니라 須菩提야 若菩薩이 心住
於法하고 而行布施하면 如人이 入闇에 卽無所見이요
若菩薩이 心不住法하고 而行布施하면 如人은 有目에
日光明照하야 見種種色이니라 須菩提야 當來之世에
若有善男子善女人이 能於此經에 受持讀誦하면
卽爲如來 以佛智慧로 悉知是人하며 悉見是人하시니
皆得成就 無量無邊功德하니라

持經功德分 第十五

須菩提야 若有善男子善女人이 初日分에 以恒河
沙等身으로 布施하고 中日分에 復以恒河沙等身으로
布施하고 後日分에 亦以恒河沙等身으로 布施하야

如是無量百千萬億劫을 以身布施하여도 若復有人이

聞此經典하고 信心不逆하면 其福이 勝彼니 何況書寫

受持讀誦하야 爲人解說이라

須菩提야 以要言之건대 是經은 有不可思議 不可

稱量 無邊功德이니 如來 爲發大乘者說이며

爲發最上乘者說이니라 若有人이 能受持讀誦하야

廣爲人說하면 如來 悉知是人하며 悉見是人하시니

皆得成就 不可量 不可稱 無有邊 不可思議

功德이니 如是人等은 卽爲荷擔 如來阿耨多羅

三藐三菩提니라

何以故오 須菩提야 若樂小法者는 着我見 人見

衆生見 壽者見이니 卽於此經에 不能聽受讀誦하야

爲人解說하니라

須菩提야 在在處處에 若有此經이면 一切世間天人

阿修羅의 所應供養하리니 當知此處는 卽爲是塔이라

皆應恭敬하며 作禮圍遶하야 以諸華香으로 而散其處니라

能淨業障分 第十六

復此 須菩提야 善男子善女人이 受持讀誦此經하되
若爲人輕賤하면 是人은 先世罪業으로 應墮惡道지만
以今世人이 輕賤故로 先世罪業을 卽爲消滅하고
當得阿耨多羅三藐三菩提니라

須菩提야 我念 過去無量阿僧祇劫하니 於然燈
佛前에 得値八百四千萬億那由他諸佛하야 悉皆
供養承事하되 無空過者니라 若復有人이 於後末世에
能受持讀誦此經하면 所得功德은 於我所供養
諸佛功德으로는 百分에 不及一이며 千萬億分과
乃至算數譬喻로 所不能及이니라

須菩提야 若善男子善女人이 於後末世에 有受
持讀誦此經하야 所得功德을 我若具說者면
或有人聞하고 心卽狂亂하야 狐疑不信하리라

須菩提야 當知하리 是經은 義도 不可思議며 果報도
亦不可思議니라

究竟無我分 第十七

爾時에 須菩提 白佛言하되

世尊이시여 善男子善女人이 發阿耨多羅三藐三菩提心인데는 云何應住며 云何降伏其心이니꼬

佛告 須菩提하시되

若善男子善女人이 發阿耨多羅三藐三菩提心者는 當生如是心이니 我應滅度一切衆生하리라 滅度一切衆生已하고는 而無有一衆生도 實滅度者니라 何以故오 須菩提야 若菩薩이 有我相 人相 衆生相 壽者相이면 卽非菩薩이니라 所以者何오 須菩提야 實無有法이니 發阿耨多羅三藐三菩提心者니라

須菩提야 於意云何오 如來 於然燈佛所에 有法하야 得阿耨多羅三藐三菩提不냐

不也니다 世尊이시여 如我解佛所說義로는 佛이 於然燈佛所에 無有法하야 得阿耨多羅三藐三菩提이니다

佛言하시되

如是如是니라 須菩提야 實無有法이니 如來 得

阿耨多羅三藐三菩提니라 須菩提야 若有法하야

如來 得阿耨多羅三藐三菩提者이라면 然燈佛이

卽不與我授記하시되 汝於來世에 當得作佛하야

號를 釋迦牟尼라 以實無有法이니 得阿耨多羅

三藐三菩提니 是故로 然燈佛이 與我授記하고

作是言하시되 汝於來世에 當得作佛하야 號를 釋迦

牟尼라하시니 何以故오 如來者는 卽諸法에 如義니라

若有人이 言如來得阿耨多羅三藐三菩提라하면

須菩提야 實無有法이니 佛이 得阿耨多羅三藐三

菩提니라 須菩提야 如來 所得阿耨多羅三藐三

菩提는 於是中에 無實無虛니라 是故로 如來説

一切法이 皆是佛法이니라 須菩提야 所言一切法者는

卽非一切法이니 是故로 名이 一切法이니라

須菩提야 譬如人身이 長大니라

須菩提言하되

世尊이시여 如來説 人身長大는 卽爲非大身이니

是名大身이니다

須菩提야 菩薩도 亦如是하야 若作是言하되 我當 滅度無量衆生이라하면 卽不名菩薩이니 何以故오 須菩提야 實無有法을 名爲菩薩이니라 是故로 佛說一切法이 無我 無人 無衆生 無壽者니라 須菩提야 若菩薩이 作是言하되 我當莊嚴佛土라하면 是不名菩薩이니 何以故오 如來說 莊嚴佛土者는 卽非莊嚴이니 是名莊嚴이니라 須菩提야 若菩薩이 通達無我法者는 如來說 名眞是菩薩이니라

一體同觀分 第十八

須菩提야 於意云何오 如來 有肉眼不냐

如是니다 世尊이시여 如來 有肉眼이니다

須菩提야 於意云何오 如來 有天眼不냐

如是니다 世尊이시여 如來 有天眼이니다

須菩提야 於意云何오 如來 有慧眼不냐

如是니다 世尊이시여 如來 有慧眼이니다

須菩提야 於意云何오 如來 有法眼不냐

如是니다 世尊이시여 如來 有法眼이니다

須菩提야 於意云何오 如來 有佛眼不냐

如是니다 世尊이시여 如來 有佛眼이니다

須菩提야 於意云何오 如恒河中所有沙를 佛說
是沙不냐

如是니다 世尊이시여 如來說 是沙이니다

須菩提야 於意云何오 如一恒河中所有沙하야
有如是沙等恒河있어 是諸恒河에 所有沙數의
佛世界가 如是하면 寧爲多不냐

甚多니다 世尊이시여

佛告 須菩提하시되

爾所國土中에 所有衆生의 若干種心을 如來悉
知하니 何以故오 如來說 諸心은 皆爲非心이니
是名爲心이니라 所以者何오 須菩提야 過去心도
不可得이며 現在心도 不可得이며 未來心도 不可得이니라

法界通化分 第十九

須菩提야 於意云何오 若有人이 滿三千大千世界七寶로 以用布施하면 是人이 以是因緣으로 得福이 多不냐

如是니다 世尊이시여 此人이 以是因緣으로 得福이 甚多이니다

須菩提야 若福德이 有實인데는 如來 不説得福德多니 以福德이 無故로 如來 説得福德多니라

離色離相分 第二十

須菩提야 於意云何오 佛을 可以具足色身으로 見不냐

不也니다 世尊이시여 如來를 不應以具足色身으로 見이니 何以故오 如來説 具足色身은 即非具足色身이니 是名具足色身이니다

須菩提야 於意云何오 如來를 可以具足諸相으로 見不냐

不也니다 世尊이시여 如來를 不應以具足諸相으로

見이니 何以故오 如來説 諸相具足은 即非具足이니

是名諸相具足이니다

非説所説分 第二十一

須菩提야 汝勿謂하라 如來作是念하되 我當有所

説法이라 莫作是念하라 何以故오 若人이 言하되 如來

有所説法이라하면 即爲謗佛이며 不能解我所説故니라

須菩提야 説法者는 無法可説이니 是名説法이니라

爾時에 慧命須菩提 白佛言하되

世尊이시여 頗有衆生이 於未來世에 聞説是法하고

生信心不이니까

佛言하시되

須菩提야 彼非衆生이며 非不衆生이니 何以故오

須菩提야 衆生衆生者는 如來説 非衆生이니

是名衆生이니라

無法可得分 第二十二

須菩提 白佛言하되

世尊이시여 佛이 得阿耨多羅三藐三菩提는 爲無所得耶이니까

佛言하시되

如是如是니라 須菩提야 我於阿耨多羅三藐三菩提에 乃至無有少法可得이니 是名阿耨多羅三藐三菩提니라

淨心行善分 第二十三

復此 須菩提야 是法이 平等하야 無有高下이니 是名阿耨多羅三藐三菩提니라

以無我 無人 無衆生 無壽者로 修一切善法하면 卽得阿耨多羅三藐三菩提니라

須菩提야 所言善法者는 如來說 卽非善法이니 是名善法이니라

福智無比分 第二十四

須菩提야 若三千大千世界中에 所有諸須彌山王의 如是等七寶聚를 有人이 持用布施하여도 若人이 以此般若波羅蜜經 乃至四句偈等을 受持讀誦하야 爲他人說하면 於前福德은 百分에 不及一이며 百千 萬億分과 乃至算數譬喻에 所不能及이니라

化無所化分 第二十五

須菩提야 於意云何오 汝等은 勿謂如來作是念하되 我當度衆生하리 須菩提야 莫作是念하라 何以故오 實無有衆生을 如來度者니 若有衆生을 如來度者면 如來도 卽有我 人 衆生 壽者니라

須菩提야 如來說 有我者는 卽非有我거늘 而凡夫 之人이 以爲有我하나 須菩提야 凡夫者는 如來說 卽非凡夫이니 是名凡夫니라

法身非相分 第二十六

須菩提야 於意云何오 可以三十二相으로 觀如來不냐

須菩提言하되

如是如是이니다 以三十二相으로 觀如來이니다

佛言하시되

須菩提야 若以三十二相으로 觀如來者인데는

轉輪聖王도 卽是如來느냐

須菩提 白佛言하되

世尊이시여 如我解佛所說義로는 不應以三十二相으로

觀如來이니다

爾時에 世尊께서 而說偈言하시되

若以色見我거나 以音聲求我하면

是人行邪道이니 不能見如來니라

無斷無滅分 第二十七

須菩提야 汝若作是念하되 如來 不以具足相故로

得阿耨多羅三藐三菩提냐 須菩提야 莫作是念하라

如來가 不以具足相故로 得阿耨多羅三藐三菩提니라

須菩提야 汝若作是念하되 發阿耨多羅三藐三菩提

心者는 説諸法斷滅가 莫作是念하라 何以故오

發阿耨多羅三藐三菩提心者는 於法에 不説斷

滅相이니라

不受不貪分 第二十八

須菩提야 若菩薩이 以滿恒何沙等 世界七寶로

持用布施하고 若復有人이 知一切法無我하야

得成於忍하면 此菩薩은 勝前菩薩의 所得功德이니

何以故오 須菩提야 以諸菩薩이 不受福德故니라

須菩提 白佛言하되

世尊이시여 云何菩薩이 不受福德이니까

須菩提야 菩薩의 所作福德을 不應貪着이니 是故로

説不受福德이니라

威儀寂靜分 第二十九

須菩提야 若有人이 言하되 如來가 若來 若去 若坐 若臥라하면 是人은 不解我所說義니 何以故오 如來者는 無所從來며 亦無所去이니 故名如來니라

一合理相分 第三十

須菩提야 若善男子善女人이 以三千大千世界를 碎爲微塵하면 於意云何오 是微塵衆이 寧爲多不냐 須菩提言하되

甚多니다 世尊이시여 何以故오 若是微塵衆이 實有者이라면 佛이 卽不說 是微塵衆이니 所以者何오 佛說 微塵衆은 卽非微塵衆이니 是名微塵衆이니다 世尊이시여 如來所說 三千大千世界는 卽非世界이니 是名世界이니다 何以故오 若世界가 實有者이라면 卽是一合相이니 如來說 一合相은 卽非一合相이니 是名一合相이니다

須菩提야 一合相者는 卽是不可說이거늘 但凡夫
之人이 貪着其事니라

知見不生分 第三十一

須菩提야 若人이 言하되 佛說我見 人見 衆生見
壽者見이라하면 須菩提야 於意云何오 是人이 解我
所說義不아

不也니다 世尊이시여 是人은 不解如來所說義니
何以故오 世尊께서 說我見 人見 衆生見 壽者見은
卽非我見 人見 衆生見 壽者見이니 是名我見
人見 衆生見 壽者見이니다

須菩提야 發阿耨多羅三藐三菩提心者는
於一切法에 應如是知며 如是見이며 如是信解하야
不生法相이니라

須菩提야 所言法相者는 如來說 卽非法相이니
是名法相이니라

應化非眞分 第三十二

須菩提야 若有人이 以滿無量阿僧祇世界七寶로

持用布施하여도 若有善男子善女人이 發菩薩心者가

持於此經하고 乃至四句偈等을 受持讀誦하야

爲人演說하면 其福이 勝彼니 云何爲人演說고

不取於相하야 如如不動이니라 何以故오

　　一切有爲法이 如夢幻泡影이며

　　如露亦如電이니 應作如是觀이니라

佛說是經已하시니 長老須菩提와 及諸比丘 比丘尼

優婆塞 優婆夷와 一切世間 天人阿修羅가

聞佛所說하고 皆大歡喜하야 信受奉行하였나니라

金剛般若波羅蜜經 終

한글 원문   독송수행본

금강반야바라밀경

금강경 사구게

범소유상은 개시허망이니
약견제상비상이면 즉견여래니라

무릇 상(내 마음속의 분별망상)이 있는 바는 모두 허망한 것이니,
만약 상이 상이 아님을 보면 곧 여래를 볼 것이다.

불응주색생심하며 불응주성향미촉법생심하니
응무소주하야 이생기심이니라

응당 색에 머물러서 마음을 내지 말며 응당 성향미촉법에 머물러서 마음을
내지 말 것이니, 응당 머무는바 없이 그 마음을 낼 것이니라.

약이색견아거나 이음성구아하면
시인행사도이니 불능견여래니라

만약 형상으로 나를 보거나 음성으로 나를 구하면, 이 사람은 삿된 도를
행함이니 능히 여래를 보지 못한다.

일체유위법이 여몽환포영이며
여로역여전이니 응작여시관이니라

일체 현상계의 모든 생멸법은 꿈과 같고 환상과 같고 물거품과 같고 그림자
같으며, 이슬과도 같고 번개와도 같으니, 응당 이와 같이 관해야한다.

금강반야바라밀경

요진 삼장법사 구마라집 봉조역

법회인유분 제일

여시아문하오니 일시에 불이 재사위국 기수급 고독원에서 여대비구중 천이백오십인으로 구하시다 이시에 세존이 식시라 착의지발하시고 입사위대성하야 걸식하실때 어기성중에 차제걸이하시고 환지본처하야 반사흘하시고 수의발하시고 세족이하시고 부좌이좌하시다

선현기청분 제이

시에 장로수보리 재대중중에서 즉종좌기하고 편단우견하고 우슬착지하고 합장공경하야 이백불언하되

희유세존이시여 여래 선호념제보살하시며 선부촉
제보살하시나이다 세존이시여 선남자선여인이 발
아누다라삼막삼보리심인데는 응운하주며 운하
항복기심이니까

불언하시되

선재선재라 수보리야 여여소설하야 여래 선호념
제보살하시며 선부촉제보살하시니 여금체청하라
당위여설하리라 선남자선여인이 발아누다라삼막
삼보리심인데는 응여시주며 여시항복기심이니라

유연이니다 세존이시여 원요욕문하나니다

대승정종분 제삼

불고 수보리하시되

제보살마하살은 응여시항복기심이니 소유일체
중생지류인 약난생 약태생 약습생 약화생
약유색 약무색 약유상 약무상 약비유상비무상을
아개영입무여열반하야 이멸도지하리니 여시멸도

무량무수무변중생하되 실무중생이 득멸도자니라
하이고오 수보리야 약보살이 유아상 인상 중생상
수자상이면 즉비보살이니라

묘행무주분   제사

부차 수보리야 보살은 어법에 응무소주하야 행어
보시니 소위부주색보시며 부주성향미촉법보시니라
수보리야 보살은 응여시보시하야 부주어상이니
하이고오 약보살이 부주상보시며는 기복덕은
불가사량이니라
수보리야 어의운하오 동방허공을 가사량부냐
불야니다 세존이시여
수보리야 남서북방과 사유상하허공을 가사량부냐
불야니다 세존이시여
수보리야 보살의 무주상보시복덕이 역부여시하야
불가사량이니라 수보리야 보살은 단응여소교주니라

여리실견분 제오

수보리야 어의운하오 가이신상으로 견여래부냐

불야니다 세존이시여 불가이신상으로 득견여래니

하이고오 여래소설신상이 즉비신상이니다

불고 수보리하시되

법소유상은 개시허망이니

약견제상비상이면 즉견여래니라

정신희유분 제육

수보리 백불언하되

세존이시여 파유중생이 득문여시언설장구하고

생실신부이니까

불고 수보리하시되

막작시설하라 여래멸후 후오백세에 유지계

수복자하야 어차장구에 능생신심하야 이차위실하리니

당지시인은 불어일불이불삼사오불에 이종선근이라

이어무량 천만불소에 종제선근하고 문시장구하야
내지일념이라도 생정신자니라 수보리야 여래 실지
실견이니 시제중생이 득여시무량복덕이니
하이고오 시제중생은 무부아상 인상 중생상
수자상이며 무법상이며 역무비법상이니 하이고오
시제중생이 약심취상하면 즉위착아인중생수자니
약취법상이라도 즉착아인중생수자니 하이고오
약취비법상이라도 즉착아인중생수자니라
시고로 불응취법이며 불응취비법이니 이시의고로
여래상설하시되 여등비구는 지아설법을 여벌유자니
법상응사거늘 하황비법이라

무득무설분 제칠

수보리야 어의운하오 여래 득아누다라삼막삼
보리야냐 여래 유소설법야냐
수보리언하되

여아해불소설의로는 무유정법을 명아누다라삼
막삼보리며 역무유정법을 여래가설이니
하이고오 여래소설법은 개불가취며 불가설이며
비법이며 비비법이니 소이자하오 일체현성이
개이무위법으로 이유차별이니라

의법출생분 제팔

수보리야 어의운하오 약인이 만삼천대천세계칠
보로 이용보시하면 시인의 소득복덕이 영위다부냐
수보리언하되

십다니다 세존이시여 하이고오 시복덕이 즉비복
덕성이니 시고로 여래설복덕다이니다

약부유인이 어차경중에 수지내지사구게등하야
위타인설하면 기복이 승피니 하이고오 수보리야
일체제불과 급제불 아누다라삼막삼보리법이
개종차경출이니라 수보리야 소위불법자도 즉비
불법이니라

일상무상분 제구

수보리야 어의운하오 수다원이 능작시념이면 아득수다원과부냐

수보리언하되

불야니다 세존이시여 하이고오 수다원은 명위입류로되 이무소입하야 불입색성향미촉법이니 시명수다원이니다

수보리야 어의운하오 사다함이 능작시념이면 아득사다함과부냐

수보리언하되

불야니다 세존이시여 하이고오 사다함은 명일왕래로되 이실무왕래이니 시명사다함이니다

수보리야 어의운하오 아나함이 능작시념이면 아득아나함과부냐

수보리언하되

불야니다 세존이시여 하이고오 아나함은 명위불래로되 이실무불래이니 시고로 명아나함이니다

수보리야 어의운하오 아라한이 능작시념이면 아득아라한도부냐

수보리언하되

불야니다 세존이시여 하이고오 실무유법하야 명아라한이오니 세존이시여 약아라한이 작시념하되 아득아라한도라하면 즉위착아인중생수자이니다 세존이시여 불설아득무쟁삼매 인중에 최위제일이라 시제일이욕아라한이라하시나 세존이시여 아부작시념하되 아시이욕아라한이니다 세존이시여 아약작시념하되 아득아라한도라하면 세존께서는 즉불설 수보리가 시요아란나행자니 이수보리가 실무소행이니 이명수보리가 시요아란나행이니다

장엄정토분 제십

불고 수보리하시되

어의운하오 여래가 석재연등불소에 어법에 유소득부냐

불야니다 세존이시여 여래 재연등불소에 어법에 실무소득이니다

수보리야 어의운하오 보살이 장엄불토부냐

불야니다 세존이시여 하이고오 장엄불토자는 즉비장엄이니 시명장엄이니다

시고로 수보리야 제보살마하살이 응여시생 청정심하니

　불응주색생심하며 불응주성향미촉법생심하니
　응무소주하야 이생기심이니라

수보리야 비여유인이 신여수미산왕하면 어의운하오 시신이 위대부냐

수보리언하되

심대니다 세존이시여 하이고오 불설비신이 시명 대신이니다

무위복승분 제십일

◎수보리야 여항하중소유사수하야 여시사등항하를

어의운하오 시제항하사가 영위다부냐

수보리언하되

◎심다니다 세존이시여 단제항하도 상다무수거늘

하황기사이니까

◎수보리야 아금에 실언으로 고여하노니 약유선남자

선여인이 이칠보로 만이소항하사수 삼천대천

세계하야 이용보시하면 득복이 다부냐

수보리언하되

◎심다니다 세존이시여

불고 수보리하시되

◎약선남자선여인이 어차경중에 내지수지사구

게등하야 위타인설하면 이차복덕은 승전복덕이니라

존중정교분 제십이

부차 수보리야 수설시경하되 내지사구게등하면
당지차처는 일체세간 천인아수라가 개응공양을
여불탑묘어늘 하황유인이 진능수지독송이랴
수보리야 당지시인은 성취최상제일희유지법이니
약시경전소재지처는 즉위유불어나 약존중제자니라

여법수지분 제십삼

이시에 수보리 백불언하되
세존이시여 당하명차경이며 아등이 운하봉지하리까
불고 수보리하시되
시경은 명위금강반야바라밀이니 이시명자로
여당봉지하라 소이자하오 수보리야 불설반야
바라밀은 즉비반야바라밀이니 시명반야바라밀이니라

수보리야 어의운하오 여래 유소설법부냐

수보리 백불언하되

세존이시여 여래 무소설이니다

수보리야 어의운하오 삼천대천세계 소유미진이
시위다부냐

수보리언하되

심다니다 세존이시여

수보리야 제미진은 여래설 비미진이니 시명미진이니라

여래설 세계도 비세계이니 시명세계니라

수보리야 어의운하오 가이삼십이상으로 견여래부냐

불야니다 세존이시여 불가이삼십이상으로 득견여래니

하이고오 여래설 삼십이상은 즉시비상이니

시명삼십이상이니다

수보리야 약유선남자선여인이 이항하사등신명으로
보시하고 약부유인이 어차경중에 내지수지사구게등하야
위타인설하면 기복이 심다니라

이상적멸분 제십사

이시에 수보리 문설시경하고 심해의취하야 체루비읍하며 이백불언하되

희유세존이시여 불설여시심심경전은 아종석래에 소득혜안으로는 미증득문 여시지경이니다

세존이시여 약부유인이 득문시경하고 신심청정하면 즉생실상하리니 당지 시인은 성취제일희유공덕이니다

세존이시여 시실상자는 즉시비상이니 시고로 여래설명실상이니다

세존이시여 아금에 득문여시경전하고 신해수지는 부족위난이지만 약당래세 후오백세에 기유중생이 득문시경하고 신해수지하면 시인은 즉위제일희유니 하이고오 차인은 무아상 무인상 무중생상 무수자상이니 소이자하오 아상이 즉시비상이며 인상 중생상 수자상도 즉시비상이니 하이고오 이일체제상하면 즉명제불이니다

불고 수보리하시되

여시여시니라 약부유인이 득문시경하고 불경
불포불외하면 당지 시인은 심위희유니 하이고요
수보리야 여래설 제일바라밀은 즉비제일바라밀이니
시명제일바라밀이니라 수보리야 인욕바라밀도
여래설 비인욕바라밀이니 시명인욕바라밀이니라
하이고요 수보리야 여아석위가리왕에 할절신체해도
아어이시에 무아상 무인상 무중생상 무수자상이니
하이고요 아어왕석 절절지해시에 약유아상
인상 중생상 수자상이면 응생진한하리라
수보리야 우념하니 과거어오백세에 작인욕선인하야
어이소세에 무아상 무인상 무중생상 무수자상이니
시고로 수보리야 보살은 응리일체상하고 발아누
다라삼막삼보리심이니 불응주색생심하며 불응주
성향미촉법생심하야 응생무소주심이니라 약심
유주면 즉위비주니 시고로 불설보살은 심불응주
색보시니라 수보리야 보살은 위이익일체중생하야

응여시보시니 여래설 일체제상은 즉시비상이며 우설일체중생도 즉비중생이니라

수보리야 여래는 시진어자며 실어자며 여어자며 불광어자며 불이어자니라 수보리야 여래소득법은 차법이 무실무허니라 수보리야 약보살이 심주어법하고 이행보시하면 여인이 입암에 즉무소견이요 약보살이 심부주법하고 이행보시하면 여인은 유목에 일광명조하야 견종종색이니라 수보리야 당래지세에 약유선남자선여인이 능어차경에 수지독송하면 즉위여래 이불지혜로 실지시인하며 실견시인하시니 개득성취 무량무변공덕하니라

지경공덕분 제십오

수보리야 약유선남자선여인이 초일분에 이항하사등신으로 보시하고 중일분에 부이항하사등신으로 보시하고 후일분에 역이항하사등신으로 보시하야

여시무량백천만억겁을 이신보시하여도 약부유인이 문차경전하고 신심불역하면 기복이 승피니 하황서사 수지독송하야 위인해설이랴

수보리야 이요언지건대 시경은 유불가사의 불가 칭량 무변공덕이니 여래 위발대승자설이며 위발최상승자설이니라 약유인이 능수지독송하야 광위인설하면 여래 실지시인하며 실견시인하시니 개득성취 불가량 불가칭 무유변 불가사의 공덕이니 여시인등은 즉위하담 여래아누다라 삼막삼보리니라

하이고오 수보리야 약요소법자는 착아견 인견 중생견 수자견이니 즉어차경에 불능청 수독송하야 위인해설하니라

수보리야 재재처처에 약유차경이면 일체세간천인 아수라의 소응공양하리니 당지차처는 즉위시탑이라 개응공경하며 작례위요하야 이제화향으로 이산기처니라

능정업장분 제십육

부차 수보리야 선남자선여인이 수지독송차경하되 약위인경천하면 시인은 선세죄업으로 응타악도지만 이금세인이 경천고로 선세죄업을 즉위소멸하고 당득아누다라삼막삼보리니라

수보리야 아념 과거무량아승기겁하니 어연등 불전에 득치팔백사천만억나유타제불하야 실개 공양승사하되 무공과자니라 약부유인이 어후말세에 능수지독송차경하면 소득공덕은 어아소공양 제불공덕으로는 백분에 불급일이며 천만억분과 내지산수비유로 소불능급이니라

수보리야 약선남자선여인이 어후말세에 유수 지독송차경하야 소득공덕을 아약구설자면 혹유인문하고 심즉광란하야 호의불신하리라

수보리야 당지하라 시경은 의도 불가사의며 과보도 역불가사의니라

구경무아분 제십칠

이시에 수보리 백불언하되

세존이시여 선남자선여인이 발아누다라삼막삼보리심인데는 운하응주며 운하항복기심이니까

불고 수보리하시되

약선남자선여인이 발아누다라삼막삼보리심자는 당생여시심이니 아응멸도일체중생하리라 멸도일체중생이하고는 이무유일중생도 실멸도자니라 하이고오 수보리야 약보살이 유아상 인상 중생상 수자상이면 즉비보살이니라 소이자하오 수보리야 실무유법이니 발아누다라삼막삼보리심자니라

수보리야 어의운하오 여래 어연등불소에 유법하야 득아누다라삼막삼보리부냐

불야니다 세존이시여 여아해불소설의로는 불이 어연등불소에 무유법하야 득아누다라삼막삼보리이니다

불언하시되

여시여시니라 수보리야 실무유법이니 여래 득
아누다라삼막삼보리니라 수보리야 약유법하야
여래 득아누다라삼막삼보리자이라면 연등불이
즉불여아수기하시되 여어내세에 당득작불하야
호를 석가모니라 이실무유법이니 득아누다라삼
막삼보리니 시고로 연등불이 여아수기하고 작
시언하시되 여어내세에 당득작불하야 호를 석가
모니라하시니 하이고오 여래자는 즉제법에 여의니라
약유인이 언여래득아누다라삼막삼보리라하면
수보리야 실무유법이니 불이 득아누다라삼막삼
보리니라 수보리야 여래 소득아누다라삼막삼
보리는 어시중에 무실무허니라 시고로 여래설
일체법이 개시불법이니라 수보리야 소언일체법자는
즉비일체법이니 시고로 명이 일체법이니라
수보리야 비여인신이 장대니라
수보리언하되
세존이시여 여래설 인신장대는 즉위비대신이니
시명대신이니다

수보리야 보살도 역여시하야 약작시언하되 아당 멸도무량중생이라하면 즉불명보살이니 하이고오 수보리야 실무유법을 명위보살이니라 시고로 불설일체법이 무아 무인 무중생 무수자니라 수보리야 약보살이 작시언하되 아당장엄불토라하면 시불명보살이니 하이고오 여래설 장엄불토자는 즉비장엄이니 시명장엄이니라 수보리야 약보살이 통달무아법자는 여래설 명진시보살이니라

일체동관분 제십팔

수보리야 어의운하오 여래 유육안부냐

여시니다 세존이시여 여래 유육안이니다

수보리야 어의운하오 여래 유천안부냐

여시니다 세존이시여 여래 유천안이니다

수보리야 어의운하오 여래 유혜안부냐

여시니다 세존이시여 여래 유혜안이니다

수보리야 어의운하오 여래 유법안부냐

여시니다 세존이시여 여래 유법안이니다

수보리야 어의운하오 여래 유불안부냐

여시니다 세존이시여 여래 유불안이니다

수보리야 어의운하오 여항하중소유사를 불설
시사부냐

여시니다 세존이시여 여래설 시사이니다

수보리야 어의운하오 여일항하중소유사하야
유여시사등항하있어 시제항하에 소유사수의
불세계가 여시하면 영위다부냐

심다니다 세존이시여

불고 수보리하시되

이소국토중에 소유중생의 약간종심을 여래실
지하니 하이고오 여래설 제심은 개위비심이니
시명위심이니라 소이자하오 수보리야 과거심도
불가득이며 현재심도불가득이며 미래심도불가득이니라

법계통화분 제십구

⊚수보리야 어의운하오 약유인이 만삼천대천세계 칠보로 이용보시하면 시인이 이시인연으로 득복이 다부냐

⊚여시니다 세존이시여 차인이 이시인연으로 득복이 심다이니다

⊚수보리야 약복덕이 유실인데는 여래 불설득복덕다니 이복덕이 무고로 여래 설득복덕다니라

이색이상분 제이십

⊚수보리야 어의운하오 불을 가이구족색신으로 견부냐

⊚불야니다 세존이시여 여래를 불응이구족색신으로 견이니 하이고오 여래설 구족색신은 즉비구족 색신이니 시명구족색신이니다

⊚수보리야 어의운하오 여래를 가이구족제상으로 견부냐

불야니다 세존이시여 여래를 불응이구족제상으로 견이니 하이고오 여래설 제상구족은 즉비구족이니 시명제상구족이니다

비설소설분 제이십일

수보리야 여물위하라 여래작시념하되 아당유소설법이라 막작시념하라 하이고오 약인이 언하되 여래유소설법이라하면 즉위방불이며 불능해아소설 고니라 수보리야 설법자는 무법가설이니 시명설법이니라 이시에 혜명수보리 백불언하되

세존이시여 파유중생이 어미래세에 문설시법하고 생신심부이니까

불언하시되

수보리야 피비중생이며 비불중생이니 하이고오 수보리야 중생중생자는 여래설 비중생이니 시명중생이니라

무법가득분 제이십이

수보리 백불언하되

세존이시여 불이 득아누다라삼막삼보리는 위무소득야이니까

불언하시되

여시여시니라 수보리야 아어아누다라삼막삼보리에 내지무유소법가득이니 시명아누다라삼막삼보리니라

정심행선분 제이십삼

부차 수보리야 시법이 평등하야 무유고하이니 시명아누다라삼막삼보리니라

이무아 무인 무중생 무수자로 수일체선법하면 즉득아누다라삼막삼보리니라

수보리야 소언선법자는 여래설 즉비선법이니 시명선법이니라

복지무비분 제이십사

수보리야 약삼천대천세계 중에 소유제 수미산왕의
여시등칠보취를 유인이 지용보시하여도 약인이
이차반야바라밀경 내지사구게등을 수지독송하야
위타인설하면 어전복덕은 백분에 불급일이며 백천
만억분과 내지산수비유에 소불능급이니라

화무소화분 제이십오

수보리야 어의운하오 여등은 물위여래작시념하되
아당도중생하라 수보리야 막작시념하라 하이고오
실무유중생을 여래도자니 약유중생을 여래도자면
여래도 즉유아 인 중생 수자니라
수보리야 여래설 유아자는 즉비유아거늘 이범부
지인이 이위유아하나 수보리야 범부자는 여래설
즉비범부이니 시명범부니라

법신비상분 제이십육

수보리야 어의운하오 가이삼십이상으로 관여래부냐

수보리언하되

여시여시이니다 이삼십이상으로 관여래이니다

불언하시되

수보리야 약이삼십이상으로 관여래자인데는 전륜성왕도 즉시여래느냐

수보리 백불언하되

세존이시여 여아해불소설의로는 불응이삼십이상으로 관여래이니다

이시에 세존이 이설게언하시되

약이색견아거나 이음성구아하면
시인행사도이니 불능견여래니라

무단무멸분 제이십칠

수보리야 여약작시념하되 여래 불이구족상고로

득아누다라삼막삼보리냐 수보리야 막작시념하라

여래가 불이구족상고로 득아누다라삼막삼보리니라

수보리야 여약작시념하되 발아누다라삼막삼보리

심자는 설제법단멸가 막작시념하라 하이고오

발아누다라삼막삼보리심자는 어법에 불설단

멸상이니라

불수불탐분 제이십팔

수보리야 약보살이 이만항하사등 세계칠보로

지용보시하고 약부유인이 지일체법무아하야

득성어인하면 차보살은 승전보살의 소득공덕이니

하이고오 수보리야 이제보살이 불수복덕고니라

수보리 백불언하되

세존이시여 운하보살이 불수복덕이니까

수보리야 보살의 소작복덕을 불응탐착이니 시고로

설불수복덕이니라

위의적정분 제이십구

수보리야 약유인이 언_{하되} 여래가 약래 약거 약좌 약와_{라하면} 시인은 불해아소설의니 하이고오 여래자는 무소종래_며 역무소거_{이니} 고명여래_{니라}

일합이상분 제삼십

수보리야 약선남자선여인이 이삼천대천세계를 쇄위미진_{하면} 어의운하오 시미진중이 영위다부_냐 수보리언_{하되}

심_{다니다} 세존_{이시여} 하이고오 약시미진중이 실유자_{이라면} 불이 즉불설 시미진중이니 소이자하오 불설 미진중은 즉비미진중이니 시명미진중_{이니다} 세존_{이시여} 여래소설 삼천대천세계는 즉비세계_{이니} 시명세계_{이니다} 하이고오 약세계가 실유자_{이라면} 즉시일합상_{이니} 여래설 일합상은 즉비일합상_{이니} 시명일합상_{이니다}

수보리야 일합상자는 즉시불가설이거늘 단범부지인이 탐착기사니라

지견불생분 제삼십일

수보리야 약인이 언하되 불설아견 인견 중생견 수자견이라하면 수보리야 어의운하오 시인이 해아소설의부냐

불야니다 세존이시여 시인은 불해여래소설의니하이고오 세존께서 설아견 인견 중생견 수자견은 즉비아견 인견 중생견 수자견이니 시명아견 인견 중생견 수자견이니다

수보리야 발아누다라삼막삼보리심자는 어일체법에 응여시지며 여시견이며 여시신해하야 불생법상이니라

수보리야 소언법상자는 여래설 즉비법상이니 시명법상이니라

응화비진분 제삼십이

수보리야 약유인이 이만무량아승기세계칠보로
지용보시하여도 약유선남자선여인이 발보살심자가
지어차경하고 내지사구게등을 수지독송하야
위인연설하면 기복이 승피니 운하위인연설고
불취어상하야 여여부동이니라 하이고오

　　　일체유위법이 여몽환포영이며

　　　여로역여전이니 응작여시관이니라

불설시경이하시니 장로수보리와 급제비구 비구니
우바새 우바이와 일체세간 천인아수라가
문불소설하고 개대환희하야 신수봉행하였나니라

　　　　　　　　　　금강반야바라밀경 끝

六波羅蜜 (육바라밀)

布施(보시) : 남을 대할 때는 주는 마음으로 대하여라.
그리고 보수없는 일은 연습하여라. 이것이
貪心(탐심)을 제거하는 보시바라밀 이니라.

持戒(지계) : 미안한 마음에 머무르지 말라. 후회하는 일
을 적게 하라. 이것이 嗔心(진심)을 제거
하는 지계바라밀 이니라.

忍辱(인욕) : 모든 사람들을 부처님으로 보라. 부처님이
나무라신다면 배우고 깨쳐볼 일이니 이것이
癡心(치심)을 제거하는 인욕바라밀 이니라.

精進(정진) : 이 세 가지는 사람으로 세상을 대하는 법이니
옳거든 부지런히 실행하라. 이것이 정진바라밀
이니라.

禪定(선정) : 이러한 과정으로 시간이 경과함에 따라 마음이
안정되나니 이것이 선정바라밀 이니라.

般若(반야) : 이것이 익숙해지면 마음이 편해지고 지혜가 나고
일에 대하여 의심이 없나니 이것이 반야바라밀
이니라.

한자원문 금강경 독송수행

　우리 한국 불교는 인도에서 중국을 통하여 한자로 번역되어 우리나라에 전래되어 부처님의 가르침으로 신행하고 있습니다. 불교 경전은 모두 한자로 읽혀지고 근래에 일부 경전 및 의식에 우리말로 번역되어 활용되고 있는 실정입니다.

　금강경은 조계종의 소의경전이고 많은 수행자와 불자들이 독송 수행하는 경전입니다. 그러나 경전을 소리 내어 독송하는 것이 대부분이고 그 뜻을 의미까지 헤아리는 이는 그리 많지 않은 것 같습니다. 또한 경문 중 글자가 해인사에 보관되어 있는 고려대장경 (5,132자)과 시중에 유통되고 있는 경전들은 43자의 범위 내에서 경전마다 각각 차이를 보이고 있고 경전마다 다른 한자 등이 있는 실정에 저 자신 혼란스런 생각이 들었습니다.

　이에 참선 및 금강경 독송 수행하는 불자들에게 혼란과 불편 없이 조금이나마 공부에 도움이 되려하여 『금강경 한자·한글 독송분』경책 및 별책 부록으로 『금강경 우리말 번역』분을 짓게 되었습니다. 공부 하시기에 앞서 몇 가지 저의 견해를 말씀 드립니다.

　1. 본 독송분 경책은 읽기 쉽게 좌에서 우로 배열하였고, 앞 부분은 한자로, 뒤 부분은 한글로 하였습니다. 한자는 글자 하나에 하나의 뜻이 있는 것이 아니고 다양한 뜻이 있어 부처님의 깊은 뜻을 참구(叅究)하며 헤아릴 수 있도록 『한자 독송분』으로 편찬 하였습니다.

　2. 한자 금강경 그 내용 및 뜻을 알기가 쉽지 않습니다. 때문에 먼저 우리말로 번역 하는 것이 우선이기에 별책 부록에서 직역으로 번역 하였고, 단어별 해설을 하고 주요단어는 육조 혜능대사의 해석을 담았습니다. 수행하시면서 부처님의 중생을 위한 깊은 뜻을 헤아리시기 바랍니다.

　3. 한자 자전(字典)을 찾지 않더라도 쉽게 번역할 수 있도록 주요 어조사, 단어번역 현재 사용 중인 우리말 토씨를 뒤에 붙여서 번역이 용이하도록 하였습니다.

　4. 금강경은 부처님과 수보리존자와의 문답 대화입니다. 연극의 각본 형식으로 편집하여 독송하면서 바로 금강경 내용을 해석해 나갈 수 있도록 편찬하였습니다.

　5. 독송수행본 경책은 단어가 줄 바꿈 시 끊어짐이 없이 독송하기에 용이하도록 하였고 말씀 중 다른 뜻의 내용은 줄 바꿈을 하여 해석함에 이해하기 쉽도록 하였습니다.

　금강경은 부처님께서 우리 중생들에게 최상의 깨달음을 위하여 설하시고, 보살심을 내는 이를 위하여 설하신 경전입니다. 금강경을 통하여 우리 불자들은 실생활에서 모든 재앙을 소멸하고, 소원을 성취하고, 탐·진·치를 소멸하고 아상을 소멸하여 구경에는 최상의 바른 깨달음을 얻어 성불에 이르게 하는 경전입니다. 불자들은 조석으로 금강경을 독송 하시고, 나아가 하루 3독 또는 7독을 꾸준히 독송 수행을 계속 실천하시면 큰 지혜와 깨달음, 더불어 행복한 삶을 영위해 나갈 것입니다.

불기 2567년 8월 1일　벽담　합장

◇ **류전환 벽담**(碧潭) **편역**

· 1998. 2 조계사 불교대학 2년 과정 졸업
· 1998. 2 대한불교조계종 포교사 품수
　직장불교 포교활동
· 1995. 10. 대한불교조계종 수선회 참선교육 수료
　8안거 성만
· 2005. 12 대한불교조계종 어산작법학교 불교의식 1년 과정 수료

금강반야바라밀경(독송수행 본)

초판 1쇄 발행 | 2023년 12월 13일

편역자 | 류전환 벽담(碧潭)
펴낸이 | 최병윤
펴낸곳 | 행복한마음
출판등록 | 제10-2415호 (2002. 7. 10)

주소 | 서울시 마포구 성미산로2길 33, 202호
전화 | (02) 334-9107
팩스 | (02) 334-9108
이메일 | bookmind@naver.com

ISBN　978-89-91705-55-5　03220

금강경 본문 우리말 번역

(주요 품사 · 단어 해설 및 주석)

머리말

  우리 한국 불교는 인도에서 중국을 통하여 한자로 번역되어 우리 나라에 전래되어 부처님의 가르침으로 신행하고 있습니다. 불교 경전은 모두 한자로 읽혀지고 근래에 일부 경전 및 의식에 우리말로 번역되어 활용되고 있는 실정입니다.

  금강경은 조계종의 소의경전이고 많은 수행자와 불자들이 독송 수행하는 경전입니다. 그러나 경전을 소리 내어 독송하는 것이 대부분 이고, 그 뜻을 의미까지 헤아리는 이는 그리 많지 않은 것 같습니다. 또한 경문 중 글자가 해인사에 보관되어 있는 고려대장경(5,132자)과 시중에 유통되고 있는 경전들은 43자의 범위 내에서 경전마다 각각 차이를 보이고 있고 경전마다 다른 한자 등이 있는 실정에 저 자신 혼란스런 생각이 들었습니다.

  이에 참선 및 금강경 독송 수행하는 불자들에게 혼란과 불편 없이 조금이나마 공부에 도움에 되려하여 『금강경 한자 · 한글 독송분』경책 및 별책 부록으로 『금강경 우리말 번역』분을 짓게 되었습니다. 공부 하시기에 앞서 몇 가지 저의 견해를 말씀드립니다.

  1. 본 독송분 경책은 읽기 쉽게 좌에서 우로 배열하였고, 앞 부분은 한자로, 뒤 부분은 한글로 하였습니다, 한자는 글자 하나에 하나의 뜻이 있는 것이 아니고 다양한 뜻이 있어 부처님의 깊은 뜻을 참구(叅究)하며 헤아릴 수 있도록 「한자독송분」으로 편찬하였 습니다.

  2. 한자 금강경 그 내용 및 뜻을 알기가 쉽지 않습니다. 때문에 먼저 우리말로 번역하는 것이 우선이기에 **직역**으로 번역 하였고, **단어 해설**을 하고 주요단어는 **육조혜능대사의 해석**을 담았습니다. 수행하시면서 부처님의 깊은 참 뜻을 헤아리시기 바랍니다.

3. 한자 자전(字典)을 찾지 않더라도 쉽게 번역할 수 있도록 주요 어조사, 단어번역 현재 사용 중인 우리말 **토씨**를 뒤에 붙여서 번역이 용이하도록 하였습니다.
4. 금강경은 부처님과 수보리존자와의 문답 대화입니다. 연극의 각본 형식으로 편집하여 독송하면서 바로 금강경 내용을 해석해 나갈 수 있도록 편찬하였습니다.
5. 독송수행본 경책은 단어가 줄 바꿈 시 끊어짐이 없이 하여 독송하기에 용이하도록 하였고, 말씀 중 다른 뜻의 내용은 줄 바꿈을 하여 해석함에 이해하기 쉽도록 하였습니다.

금강경은 부처님께서 우리 중생들에게 최상의 깨달음을 위하여 설하시고, 보살심을 내는 이를 위하여 설하신 경전입니다. 금강경을 통하여 우리 불자들은 실생활에서 모든 재앙을 소멸하고, 소원을 성취하고, 탐·진·치를 소멸하고 아상을 소멸하여 구경에는 최상의 바른 깨달음을 얻어 성불에 이르게 하는 경전입니다. 불자들은 조석으로 금강경을 독송하시고, 하루 3독 또는 7독을 꾸준히 독송 수행을 계속 실천 하시면 큰 지혜와 깨달음, 더불어 행복한 삶을 영위해 나갈 것입니다.

불기 2567년 8월 1일
벽담 합장

차　례

Ⅰ. 한자 주요 품사

【ㄱ】

可(가) : 옳을 가, 허락할 가, 가히 가, 마땅할 가

皆(개) : 다 개, 모두 개, 두루밀칠 개, 함께 개.

故(고) : 연고 고, 일 고, 옛벗 고, 본디 고, 옛 고(오래될 고), 고로 고, 옛부터 고.

俱(구) : 함께 구, 다 구, 동반할 구.

今(금) : 이제 금, 곧 금, 바로 금, 이에 금(사물을 가리킴), 접두사 「'지금'의 뜻(今方), 오늘 금(今日)」.

及(급) : 미칠 급, 이를 급, 끼칠 급, 「접속부사로 '및', '와'」

其(기) : 그 기, 그(지시 대명사), 의(관형격 조사), 그(감탄, 강세조사)

【ㄷ】

但(단) : 다만 단, 한갓 단, 홀로 단, 오직 단, 특별이 단, 그러나 단, 「'다만' 예외나 조건이 되는 말을 덧붙일 때 쓰는 접속부사」, 무릇, 부질없이.

當(당) : 마땅할 당, 당할 당, 맡을 당, 맞을 당, 저당 당, 관형사「그, 바로 그, 이, '지금'의 등의 뜻」, 지키다, 비기다, 마땅히 ~하여야 한다, 곧~하려한다.

【ㅁ】

莫(막) : 없을 막(無也), 말 막(禁止, '勿'과 비슷), 정할 막(定也), 빌 막(虛無)

勿(물) : 없을 물, 말 물(禁止辭, 마라), 바쁠 물.

未(미) : 아닐 미(아직 ~하지 못하다 ※지나간 일이나 사실을 부정 하는데 쓰임), 미래 미,

【ㅂ】

白(백) : 흰 백, 분명할백, 밝을 백, 말할 백, 아뢸 백.

不(불,부) : 아닐 불, 않을 불(동사, 형용사를 부정), 아닌가 부, 뜻 정하지 않을 부

非(비) : 아닐 비, (명사를 부정하는 조사).

【ㅅ】

昔(석) : 옛 석, 오랠 석, 접때 석, 밤 석.

勝(승) : 이길 승, 나을 승, 뛰어날 승.

所(소) : 바 소, 곳 소, 쯤 소,

是(시) : 이 시(此야), 바를 시(正야), 곧을 시(直也), 옳을 시,

甚(심) : 심할 심, 매우 심

【ㅇ】

耶(야) : 그런가 야, 어조사 야「어세를 돕는 조사, 의문조사」, 아버지를
부르는 말, 옛 명검이름.

也(야) : 잇기 야, 라 야, 어조사 야「또, 또한, 잇달아, ~이다」.

於(어) : 어조사 어, ~에, ~에서(처소격), ~보다(비교격), ~를(목적격),
~에게(여격,與格), 기댈 어(의지하여), 이에, 있어서, 이에
있어서, 하다, ~에게 뿐만아니라(대상,人).

如(여) : 같을 여, 같이할 여, 좇을 여, 어찌 여, 어조사 여「형용사에
붙어 '然'자와 같은 뜻」

與(여) : 더불어 여, 참여할 여, 「수사 : ~와, ~에게, ~같이」, 「동사
: 주다」.

汝(여) : 너 여, 물이름 여, 인칭대명사「너, 자네」.

亦(역) : 또 역, 또한 역(부사), 역시 역(부사), 모두 역.

寧(영) : 편안할 녕, 차라리 녕, 근친할 녕, 문안할 녕, 「의문부사
어찌~, 설마~ 일리가 있겠는가?」

用(용) : 쓸 용(쓰다, 베풀다, 등용하다, 다스리다, 들어주다, 작용,
능력, 용도), 「접미사 '쓰임'의 뜻 예) 自家用」

云(운) : 이를 운, 말할 운(운운하다, 이러이러 하다), 어조사 운.

爲(위) : 할 위, 다스릴 위, 위할 위, 더불어 위, 어조사 위「~하다,
~간주하다, ~되다, ~라고 말한다」, 만들다, 베풀다, 인정
하다, 성취하다, 이루다, 정치를 하다, 해설하다, 배우다, 바뀌다.

謂(위) : 이를 위, 일컬을 위, 고할 우, 이름 위, 까닭 위

應(응) : 응당 응, 응할 응, 승낙할 응, 「마땅히 ~하여야 한다」.

義(의) : 옳을 의, 의로울 의, 뜻 의

爾(이) : 너 이(汝也), 가까울 이(近也), 그 이(彼也), 이 이(是.此), 오직 이(唯也), 같이 이, 어조사 이「~뿐이다, ~따름이다」.

以(이) : 써 이, 쓸 이, 할 이, 까닭 이, 어조사 이「~로써, ~부터, ~에서, ~를」.

而(이) : 말이을 이, 너 이, 또 이, 에 이, 같을 이, 뿐 이, 어조사 이 문장 중에「~해서, ~하되, ~이나」또는「~하고, ~하다」의 뜻으로 쓰임.

己(이) : 이미 이, 그칠 이, 버릴 이, 너무 이, 뿐 이.

【ㅈ】

者(자) : 놈 자, 것 자, 곳 자, 이 자(此也), 어조사 자「~한 것, ~하는 사람, ~이다」.

從(종) : 좇을 종, 따를 종, 들을 종, 모실 종,

種(종) : 씨 종, 종류 종, 가지 종, 심을 종, 펼 종

卽(즉) : 곧 즉(곧, 가깝다, 나아가다),「'다시 말하여'의 뜻의 접속부사」

曾(증) : 일찍 증, 이에 증, 거듭 증, 더할 증, 층 층(層과 同).

之(지) : 갈 지(往也), 이를 지(至也), 이 지(此也), ~의 지(所有格), ~하는, ~를(을).

【ㅊ】

此(차) : 이 차, 지시대명사「이, 이것, 이곳」, 접속사「이에, 그래서」

値(치) : 만날 치, 값 치, 가질 치, 당할 치.

【ㅍ】

頗(파) : 자못 파, 비뚤어질 파,「문장의 앞에서 자못, 조금, 매우, 몹시, 두루, 바르지 못한」.

彼(피) : 저 피, 그 피, 저쪽 피,「삼인칭 대명사로 저사람, 그이」

【ㅎ】

何(하) : 어찌 하, 무엇 하, 누구 하, 얼마 하, 어조사 하.

號(호) : 이름 호, 부를 호, 부르짖을 호

Ⅱ. 한자 주요 단어 번역

乃至(내지) : 순서나 정도를 나타내는데 있어 그 아래와 위 따위를
　　　　　　 한정하고 그 중간은 생략할 때 쓰느 한정부사, 「또는,
　　　　　　 또한, 혹은, 나아가」

未曾(미증) : 일찍이 아직까지 ~하지 못하다.

復次(부차) : 또한, 다음으로, 다시 또

不及(불급) : 미치지 못함

不也(불야) : 아닙니다, '不可思量也'의 생략된 형태임

所謂(소위) : 이른 바

所以(소이) : 까닭, 이유, 방법, 「以가 판단 근거로 쓰이기 때문」

所以者何(소이자하) : 그 까닭이 무었이냐, 무슨 까닭인가, 어째서 인가

受持(수지) : (가르침을) 받아 지녀, 「'受'는 領受, '持'는 憶持」

勝彼(승피) : 저 보다 나을 것이니

甚多(심다) : 매우 많겠습니다.

是故(시고) : 이런 까닭으로, 이러하므로, 그러므로

我今(아금) : 내가 이제

若人(약인) : 만약 어떤 사람이

於法(어법) : 법에

於意云何(어의운하) : '於汝意云何'의 줄인말로 (네) 뜻이(생각이) 어떠냐?

如是(여시) : 이와 같이

云何(운하) : 어떻게, 어찌하여, 어떠한가.

何以故(하이고) : 무슨 까닭인가?

何況(하황) : 하물며

Ⅲ. 금강경 본문 우리말 번역 및 해설

1. 법회인유분 (法會因由分 : 법회를 이룬연유)

   이와 같이 나는 들었습니다. 한 때에 부처님께서 사위국 기수급 고독원에서 큰 비구 천이백오십인과 함께 하셨습니다.
   그 때에 세존께서 공양 때가 되어 가사를 입으시고 발우를 들으시고 사위성에 들어가 걸식 하실 때 그 성중에서 차례로 걸식을 마치시고 본래 계시던 처소로 돌아오시어 공양을 마치시고 가사와 발우를 거두시고 발을 씻으시고 나서 자리를 펴고 앉으셨습니다.

如(여) : 같을 여, 같이할 여, 좇을 여, 어찌 여, 어조사 여「형용사에
       붙어 '然'자와 같은 뜻」
是(시) : 이 시(此야), 바를 시(正야), 곧을 시(直也), 옳을 시,
如是(여시) : 이와 같이
如是我聞(여시아문) : 이와 같이 나는 들었다.
一時(일시) : 한 때에
舍衛國(사위국) : 고대 중인도에 있던 나라 이름.
祇樹給孤獨園(기수급고독원) : '기원정사'라는 사찰이 있는 동산
與(여) : 더불어 여, 참여할 여, 「수사 : ~와, ~에게, ~같이」,
       「동사 : 주다」.
與大比丘衆(여대비구중) : 큰 비구 대중~과 더불어
俱(구) : 함께 구, 다 구, 동반할 구.
爾(이) : 너 여(汝也), 가까울 이(近也), 그 이(彼也), 이 이(是.此),
       오직 이(唯也), 어조사 이「~뿐이다, ~따름이다」.
爾時(이시) : 그 때, 그 당시
食時(식시) : 공양(진지)를 드실 때
着衣持鉢(착의지발) : 옷을(가사를) 입으시고 발우를 들으시고

入舍衛大城(입사위대성) : 사위성에 들어가

乞食(걸식) : 음식을 비는일

於其城中(어기성중) : 그 성안에서

已(이) : 이미 이, 그칠 이, 버릴 이, 너무 이, 뿐 이.

次第乞已(차제걸이) : 차례로 (밥을)비시기를 마치시고

還至本處(환지본처) : 본래 계시던 처소로 돌아오시어

飯食訖(반사흘) : 공양을 마치시고

收依鉢(수의발) : 가사와 발우를 거두시고

洗足已(세족이) : 발을 씻으시고 나서

而(이) : 말이을 이, 너 이, 또 이, 에 이, 같을 이, 뿐 이, 어조사 이
　　　　문장 중에「～해서, ～하되, ～이나」또는「～하고, ～하다」의
　　　　뜻으로 쓰임.

敷座而坐(부좌이좌) : 자리를 펴고 앉으셨다

2. 선현기청분 (善現起請分 : 선현이 법을 청하다)

　그 때에 장로 수보리가 대중가운데 있다가 자리에서 일어나 오른쪽 어깨를 드러내고 오른쪽 무릎을 땅에 대고 합장하며 공손히 부처님께 말씀드리기를

　경이롭습니다. 세존이시여! 여래께서는 모든 보살들을 잘 보호해 주시며, 모든 보살들을 잘 부촉하시옵니다. 세존이시여! 선남자 선여인이 아뇩다라삼먁삼보리(위없이 바르고 두루한 깨달음)의 마음을 내는 데에는 응당 어떻게 머물러야 하며, 어떻게 그 마을을 항복하게 해야 합니까?

　부처님께서 말씀하시었습니다.

　옳다 옳다 수보리야! 네가 말한바와 같이 여래는 모든 보살들을 잘 보호해 주시며, 모든 보살들에게 잘 부촉하시니, 너희는 이제

자세히 들어라. 마땅히 너희를 위해 설하리라.
선남자 선여인이 아뇩다라삼먁삼보리심을 내는 데에는 응당 이와 같이 머물며, 이와 같이 그 마음을 항복 받아야 하느니라.
　그렇습니다. 세존이시여! 원컨대 잘 듣고자 합니다.

在大衆中(재대중중) : 대중 가운데서. 在는 ~에서의 뜻으로 쓰임.

卽從座起(즉종좌기) : 바로 자리로부터 일어나서

偏袒右肩(편단우견) : 오른쪽 어깨를 드러내고

右膝着地(우슬착지) : 오른쪽 무릎을 땅에 대고

白(백) : 흰 백, 분명할 백, 밝을 백, 말할 백, 아뢸 백.

而白佛言(이백불언) : 부처님께 말씀 드리되

希有(희유) : 드물게 있음, 아주 드물고 진귀한 것.

善護念諸菩薩(선호염제보살) : 모든 보살을 잘 보호하고

善付囑諸菩薩(선부촉제보살) : 모든 보살들을 부촉하시나니

阿耨多羅三藐三菩提(아뇩다라삼먁삼보리) : 위없이 바르고 두루한 깨달음(無上正等覺, 일체의 참모습을 아는 부처님의 최상의 지혜)
　- 阿 : 없다(無), 허물이나 물듦이 없음.
　- 耨多羅 : 위(上), 삼계에 비할데 없음.
　- 三 : 바른(正), 바르게 봄.
　- 藐 : 두루함, 일체를 아는 지혜.
　- 三菩提 : 깨달음(覺).

發阿耨多羅三藐三菩提心(발아뇩다라삼먁삼보리심) : 아뇩다라삼먁삼보리의 마음을 내는

應(응) : 응당 응, 응할 응, 승낙할 응, 「마땅히 ~ 하여야 한다」.

云(운) : 이를 운, 말할 운(운운하다, 이러이러 하다), 어조사 운.

何(하) : 어찌 하, 무엇 하, 누구 하, 얼마 하, 어조사 하

云何(운하) : 어떻게, 어찌하여, 어떠한가.

應云何住(응운하주) : 응당 어떻게 머물러야 하며

云何降伏其心(운하항복기심) : 어떻게 그 마음을 항복하게 해야 합니까?

善哉善哉(선재선재) : 옳다 옳다

如汝所說(여여소설) : 네가 말한바와 같이

汝今諦聽(여금제청) : 너희는 이제 자세히 들어라

當爲汝說(당위여설) : 마땅히 너희를 위해 설하리라

應如是住(응여시주) : 응당 이와같이 머무르며(住)

如是降伏其心(여시항복기심) : 이와 같이 그 마음을 항복 받아야
        하느니라.

唯然(유연) : 그렇습니다, 그러하옵니다.

願樂欲聞(원요욕문) : 원컨대 잘 듣고자 하옵니다.

3. 대승정종분 (大乘正宗分 : 대승의 바른 종지)

   부처님께서 수보리에게 말씀하셨습니다.
모든 보살마하살들은 응당 이와 같이 그 마음을 항복받아야 할 것이니
존재하는 일체중생의 종류인 알로 태어나는 것이나, 태로 태어나는
것이나, 습기로 태어나는 것이나, 변화하여 태어나는 것이나, 형상이
있는 것이나, 형상이 없는 것이나, 생각이 있는 것이나, 생각이 없는
것이나, 생각이 있지도 없지도 않는 온갖 중생들을 내가 다 무여
열반에 들게하여 이를 멸도하게 하리라, 이와 같이 헤아릴 수 없고
셀 수도 없고 끝이 없는 중생을 멸도 하였으나 실로 멸도를 얻은
중생이 없느니라.
   왜냐하면 수보리야 만약 보살이 아상 인상 중생상 수자상이 있으면
곧 보살이 아니니라.

佛告 須菩提(불고 수보리) : 부처님께서 수보리에게 말씀 하시되

應如是降伏其心(응여시항복기심) : 응당 이와 같이 그 마음을 항복
        받아야 할 것이니

所(소) : 바 소, 곳 소, 쯤 소,

所有一切衆生之類(소유일체중생지류) : 있는(존재하는) 일체 중생의 종류

※ 九類衆生(구류중생) : 중생이 전생의 업연에 따라 금생 몸을 받을때의 9가지 형태

① 若卵生(약난생) : 알로 태어나는 것
② 若胎生(약태생) : 태로 태어나는 것
③ 若濕生(약습생) : 습기로 태어나는 것
④ 若化生(약화생) : 변화하여 태어나는 것
⑤ 若有色(약유색) : 형상이 있어 태어나는 것
⑥ 若無色(약무색) : 형상이 없이 태어나는 것
⑦ 若有想(약유상) : 생각이 있어 태어나는 것
⑧ 若無想(약무상) : 생각이 없이 태어나는 것
⑨ 若非有想非無想(약비유상비무상) : 생각이 있지도 없지도 않게 태어나는 것

無餘涅槃(무여열반) : 남음이 없는 열반, 생사의 괴로움을 여읜 진여(眞如)

我皆令入無餘涅槃(아개영입무여열반) : 내가 다 무여열반에 들게 하여

滅度(멸도) : 열반, 생사의 대 환난을 없애 번뇌의 바다를 건넌 것

之(지) : 갈 지(往也), 이를 지(至也), 이 지(此也), ~의 지(所有格), ~하는, ~를(을)

而滅度之(이멸도지) : 이를 멸도하게 하리니

無量(무량) : 수량으로 헤아릴 수 없음

無數(무수) : 숫자로 셀 수 없는 많은 수

無邊(무변) : 끝이 없음

實無衆生 得滅度者(실무중생 득멸도자) : 실로 중생이 멸도를 얻은 사람이 없으니

何(하) : 어찌 하, 무엇 하, 누구 하, 얼마 하, 어조사 하.

以(이) : 써 이, 쓸 이, 할 이, 까닭 이, 어조사 이「~로써, ~부터, ~에서, ~를」

故(고) : 연고 고, 일 고, 옛벗 고, 본디 고, 옛 고(오래될 고), 고로 고, 옛부터 고.

何以故(하이고) : 무슨 까닭인가? (왜야하면?)

我相(아상) : 자아가 있다는 관념
人相(인상) : 나 이외의 '남이다'라는 차별 관념
衆生相(중생상) : 중생이 있다는 관념
壽者相(수자상) : 수명을 가진 생명이라는 관념

4. 묘행무주분(妙行無住分 : 머 무름 없는 미묘한 행을 닦음)

또한 수보리야! 보살은 법에 응당 머무는바(집착) 없이 보시를 행하여야 할 것이니, 이른바 색(물질)에 머물지 아니한 보시이며 소리 냄새 맛 감촉 법에 머무르지 않는 보시니라.

수보리야! 보살은 응당 이와 같이 보시하여 상에 머무르지 않아야 할 것이니라. 왜냐하면 만약 보살이 상에 머무르지 않고 보시하면 그 복덕은 생각으로 헤아릴 수 없느니라.

수보리야! 너의 생각은 어떠하냐? 동방허공을 헤아릴 수 있겠느냐?

아닙니다. 세존이시여!

수보리야! 남서북방과 간방과 상하허공을 생각으로 헤아릴 수 있겠느냐?

아닙니다. 세존이시여!

수보리야! 보살의 상에 머무르지 않고 보시한 복덕이 또한 이와 같아서 헤아릴 수 없느니라. 수보리야! 보살은 오직 마땅히 가르친바와 같이 머물러야 하느니라.

復次(부차) : 또한, 다음으로.
於(어) : 어조사 어, ~에, ~에서(처소격), ~보다(비교격), ~를(목적격), ~에게(여격,與格), 기댈 어(의지하여), 이에, 있어서, 이에 있어서, 하다, ~에게 뿐만아니라(대상,人).
於法(어법) : 법에

應無所住(응무소주) : 응당 머무는 바 없이(마음에 집착함이 없이)

行於布施(행어보시) : 보시를 행하여야 할 것이니

所謂(소위) : 이른 바

不住色布施(부주색보시) : 색(물질)에 머물지 아니한 보시

※六境(육경) : 육근(六根, 眼,耳,鼻,舌,身,意)으로 인식하는 對境 (대경)
色, 聲, 香, 味, 觸, 法을 말함

不住聲香味觸法布施(부주성향미촉법보시) : 소리, 냄새, 맛, 감촉, 법에
머무르지 않는 보시니라.

應如是布施(응여시보시) : 응당 이와 같이 보시하여

不住於相(부주어상) : 상에 머무르지 않아야 할 것이니

不(불,부) : 아닐 불, 않을 불(동사, 형용사를 부정), 아닌가 부,
뜻 정하지 않을 부

不可思量(불가사량) : 헤아릴 수 없다

於意云何(어의운하) : '於汝意云何'의 줄인말로 (너의) 뜻이(생각은)
어떠하냐?

可思量不(가사량부) : 헤아릴 수 있겠느냐?

也(야) : 잇기 야, 라 야, 어조사 야「또, 또한, 잇달아, ~이다」

不也(불야) : 아닙니다, '不可思量也'의 생략된 형태임

四維(사유) : 維는 모퉁이 네 구석이란 뜻, 동북, 동남, 서북, 서남.

無住相(무주상) : 상에 머무르지 않고

亦復如是(역부여시) : 또한 다시 이와 같아서

但(단) : 다만 단, 한갓 단, 홀로 단, 오직 단, 특별이 단, 그러나 단,
「'다만' 예외나 조건이 되는 말을 덧붙일 때 쓰는 접속부사」,
무릇, 부질없이

但應如所教住(단응여소교주) : 다만(오직) 마땅히 가르친 바와 같이
머물러야 한다.

5. 여리실견분 (如理實見分 : 진리와 같이 실답게 보라)

　수보리야! 너의 생각은 어떠하냐? 가히 몸의 모습으로써 여래를 볼 수 있겠느냐?

　아닙니다. 세존이시여! 몸의 모습으로써 여래를 볼 수 없습니다. 왜야하면 여래께서 말씀 하신 바 몸의 모습은 곧 몸의 모습이 아닙니다.

　부처님께서 수보리에게 말씀하셨습니다.

　　무릇 상이 있는 바는,　모두 헛되고 거짓된 것이니
　　만약 모든 상이 상이 아님을 보면,　곧 여래를 볼 것이니라.

可(가) : 옳을 가, 허락할 가, 가히 가, 마땅할 가

以(이) : 써 이, 쓸 이, 할 이, 까닭 이, 어조사 이「~로써, ~부터,
　　　　～에서, ~를」

可以身相(가이신상) : 가히 몸의 모습으로써

見如來不(견여래부) : 여래를 보겠느냐?

不可以身相 得見如來(불가이신상 득견여래) : 몸의 모습으로써 여래를
　　　　볼 수 없을 것이니

如來所說身相(여래소설신상) : 여래께서 말씀하신 몸의 모습은

卽(즉) : 곧 즉(곧, 가깝다, 나아가다),「'다시 말하여'의 뜻의 접속부사」

非(비) : 아닐 비, (명사를 부정하는 조사)

※'不'은 동사,형용사를 부정

卽非身相(즉비신상) : 곧 몸의 모습이 아닙니다.

凡所有相(범소유상) : '무릇 상이 있는 바는'로 글자 해석되나 사람
　　　　이나 사물 사건들의 마음 밖의 현상이라 해석하지 않고,
　　　　내 마음속의 「분별망상」으로 알아야 실천 가능한 해설이 된다.

皆是虛妄(개시허망) : 모두 이것은 헛되고 거짓된 것이니, 내 마음속의
　　　　분별망상이 착각이고 본래 없다는 것임.

若見諸相非相(약견제상비상) : 만약 모든 상이 상이 아님을 보면

卽見如來(즉견여래) : 곧 여래를 볼 것이니라.

6. 정신희유분 (正信希有分 : 바른 믿음은 보기 드뭄)

수보리가 부처님께 여쭈었습니다.

세존이시여! 자못 어떤 중생이 이와 같은 말씀과 글귀를 듣고 진실한 믿음을 낼 수 있겠습니까?

부처님께서 수보리에게 말씀하셨습니다.

그런 말을 하지 말아라! 여래가 입멸한 뒤 후 오백년 뒤에도 계를 지키고 복을 닦는 사람이 있어 이 글귀에 위지하여 능히 믿는 마음을 내어 이것이 진실이라 할 것이니라.

마땅히 알라 이 사람은 한 부처님 두 부처님 셋 넷 다섯 부처님께 선근을 심은 것뿐만 아니라 이미 무량한 천만 부처님 계신 곳에서 모든 선근을 심어 이 글귀를 듣고 한 생각이라도 깨끗한 믿음을 내는 자이니라.

수보리야! 여래는 다 알고 다 보니 이 모든 중생이 이와 같이 한량없는 복덕을 얻을 것이니라. 왜야하면 이 모든 중생은 또 아상 인상 중생상 수자상이 없으며, 법의 상도 없고 또한 법이 아니라는 상도 없느니라. 왜냐하면 이 중생들이 만약 마음에 상을 취하면 곧 아 인 중생 수자에 집착하는 것이고, 만약 법의 상에 취하더라도 곧 아 인 중생 수자에 집착함이니 왜냐하면 만약 법이 아닌 상이라도 곧 아 인 중생 수자에 집착하는 것이니라.

그러므로 응당 법에 취하지 말며, 응당 법 아닌 것에도 취하지 말아야 하니 이런 뜻인 까닭으로 여래는 늘 말씀하시기를 너희 비구 들은 나의 설법이 뗏목에 비유함과 같음을 알아야 하느니라. 법도 오히려 마땅히 버려야 하거늘, 하물며 법 아닌 것이 있겠느냐!

須菩提 白佛言(수보리 백불언) : 수보리가 부처님께 말씀 드리되
頗(파) : 자못 파, 비뚤어질 파, 「문장의 앞에서 자못, 조금, 매우,
　　　　몹시, 두루, 바르지 못한」
頗有衆生(파유중생) : 자못 어떤 중생이

- 17 -

得聞如是言說章句(득문여시언설장구) : 이와 같은 말씀과 글귀를 듣고

生實信不(생실신부) : 진실한 믿음을 낼 수 있겠습니까?

莫(막) : 없을 막(無也), 말 막(禁止, '勿'과 비슷), 정할 막(定也),
빌 막(虛無)

莫作是說(막작시설) : 이런 말을 하지 말아라.

如來滅後(여래멸후) : 여래가 입멸한 후

後五百歲(후오백세) : 여래께서 입멸한 뒤 오백년의 뒤에

有持戒修福者(유지계수복자) : 계를 지키고 복을 닦는 사람이 있어

此(차) : 이 차, 지시대명사「이, 이것, 이곳」, 접속사「이에, 그래서」

於此章句(어차장구) : 이 글귀에 의지하여

能生信心(능생신심) : 능히 믿는 마음을 내어

爲(위) : 할 위, 다스릴 위, 위할 위, 더불어 위, 어조사 위「~하다,
~간주하다, ~되다, ~라고 말한다」, 만들다, 베풀다, 인정하다,
성취하다, 이루다, 정치를 하다, 해설하다, 배우다, 바뀌다.

以此爲實(이차위실) : 이것을 진실이라 할(여길) 것이니

當知(당지) : 마땅히 알라

是人(시인) : 이 사람은

不於一佛二佛三四五佛 以種善根(불어일불이불삼사오불 이종선근) :
한 부처님 두 부처님 셋 넷 다섯 부처님께 선근을 심은 것
뿐만 아니라

種(종) : 씨 종, 종류 종, 가지 종, 심을 종, 펼 종

而種善根(이종선근) : 선근을 심은 것

已(이) : 이미 이, 그칠 이, 버릴 이, 너무 이, 뿐 이.

已於無量 千萬佛所(이어무량 천만불소) : 이미 무량한(헤아릴 수 없는)
천만 부처님 계신 곳에서

種諸善根(종제선근) : 모든 선근을 심어

聞是章句(문시장구) : 이 글귀를 듣고

乃至(내지) : 순서나 정도를 나타내는데 있어 그 아래와 위 따위를
한정하고 그 중간은 생략할 때 쓰는 한정부사,「또는,
또한, 혹은, 나아가」

一念(일념) : 한 생각에

生淨信者(생정신자) : 깨끗한 믿음을 내는 사람이니라.

悉知悉見(실지실견) : 다 알고 다 보니

是諸衆生(시제중생) : 이 모든 중생이

得如是無量福德(득여시무량복덕) : 이와 같은 한량없는 복덕을 얻을 것이니

無復(무부) : 다시는 ~없으며

無法相(무법상) : 진리라는 생각이 없으며

亦無非法相(역무비법상) : 또한 진리가 아니라는 생각이 없으니

若心取相(약시취상) : 만약 마음에 모습(相)을 취하면

卽爲着我人衆生壽者(즉위착아인중생수자) : 곧 아, 인, 중생, 수자에
　　　집착할 것이니

若取法相(약취법상) : 만약 진리라는 생각에 취하더라도

若取非法相(약취비법상) : 만약 진리가 아니라는 생각에 취하더라도

是故(시고) : 이런 까닭으로, 이러하므로, 그러므로

不應取法(불응취법) : 응당 법을 취하지 말며

不應取非法(불응취비법) : 응당 법아닌 것도 취하지 말아야 하니

以是義故(이시의고) : 이런 뜻인 까닭으로

常說(상설) : 늘 말씀 하시되

汝等比丘(여등비구) : 너희들 비구는

知我說法을　如筏喩者(지아설법을　여벌유자) : 나의 설법이 뗏목에
　　　비유함과 같음을 알아야 하니

法尙應捨(법상응사) : 법도 오히려 마땅히 버리거늘

何況非法(하황비법) : 하물며 법 아닌 것이(말할 것도 없지 않)겠는가!

7. 무득무설분 (無得無說分 : 얻을 것도 없고 설할 것도 없다)

수보리야! 너의 생각은 어떠하냐? 여래가 아뇩다라삼먁삼보리를 얻었느냐? 여래가 설한 바 법이 있느냐?

수보리가 말씀드렸습니다.

제가 부처님께서 말씀하신바 뜻을 이해하기로는 정해진 법이 없음을 이름하여 아뇩다라삼먁삼보리라고 하며, 또한 정해진 법이 없음을 여래께서는 가히 설하셨습니다.

왜냐하면 여래께서 설하신 법은 다 취할 수 없으며 설할 수도 없음이며 법이 아니며 법이 아닌 것도 아니기 때문입니다.

무슨 까닭인가 모든 현인과 성인들께서 다 무위법으로 (범부들과) 차별이 있기 때문입니다.

耶(야) : 그런가 야, 어조사 야「어세를 돕는 조사, **의문조사**」, 아버지를 부르는 말, 옛 명검이름.

得阿耨多羅三藐三菩提耶(득아누다라삼먁삼보제야) : 아뇩다라삼먁삼 보리를 얻었느냐?

有所說法耶(유소설법야) : 설한바 법이 있느냐?

如我解佛所說義(여아해불소설의) : 제가 부처님께서 말씀 하신 바 뜻을 이해하기로는

無有定法(무유정법) : 정해진 법이 없음을

亦(역) : 또 역, 또한 역(부사), 역시 역(부사), 모두 역.

亦無有定法(역무유정법) : 또 역시 정해진 법이 없음을

皆(개) : 다 개, 모두 개, 두루밀칠 개, 함께 개.

皆不可取(개불가취) : 다 취할 수 없으며

不可說(불가설) : 말할 수 없으며

非法(비법) : 법이 아니며

非非法(비비법) : 법이 아닌 것도 아니며

所以(소이) : 까닭, 이유, 방법, 「以가 판단 근거로 쓰이기 때문」
所以者何(소이자하) : 그 까닭이 무었이냐, 무슨 까닭인가, 어째서 인가
一切賢聖(일체현성) : 모든 현인과 성인
皆以無爲法(개이무위법) : 다 무위법으로 (無爲法 : 생멸의 변화가
                없는법)
而有差別(이유차별) : (범부들과) 차별이 있기 때문입니다.

8. 의법출생분 (依法出生分 : 진리에 의하여 출생함)

　수보리야! 너의 생각은 어떠하냐? 만약 어떤 사람이 삼천대천세계에
칠보를 가득 채워 그것을 써서 보시하면 이 사람이 얻는 복덕이 어찌
많다고 하겠느냐?
　수보리가 말씀드렸습니다.
　매우 많겠습니다. 세존이시여! 왜냐하면 이 복덕은 곧 복덕의 성품이
아니니 이런 까닭으로 여래께서 복덕이 많다고 말씀하십니다.
　만약 또 어떤 사람이 이 경전 중에 사구게 등을 받아 지녀서 다른
사람을 위하여 설하면, 그 복이 저 보다(칠보로 보시한 복덕 보다)
나을 것이니라.
　왜냐하면 수보리야! 일체 모든 부처님과 모든 부처님의 아뇩다라
삼먁삼보리 법이 모두 이 경으로부터 나오기 때문이니라.
　수보리야! 이른바 부처님 법이라는 것도 곧 부처님 법이 아니리라.

若人(약인) : 만약 어떤 사람이
七寶(칠보) : 금·은·유리·산호·진주·마노·파리의 일곱가지 보배
滿三千大千世界七寶(만삼천대천세계칠보) : 삼천대천세계에 칠보를
        가득채워

用(용) : 쓸 용(쓰다, 베풀다, 등용하다, 다스리다, 들어주다, 작용, 능력, 용도), 「접미사 '쓰임'의 뜻 예) 自家用」

以用布施(이용보시) : 그것을 써서 보시하면

所得福德(소득복덕) : 얻는 복덕이

寧(영) : 편안할 녕, 차라리 녕, 근친할 녕, 문안할 녕, 「의문부사 어찌~, 설마~ 일리가 있겠는가?」

寧爲多不(녕위다부) : 어찌 많다고 하겠느냐?

甚(심) : 심할 심, 매우 심

甚多(심다) : 매우 많다

是福德(시복덕) : 이 복덕 은

卽非福德性(즉비복덕성) : 곧 복덕의 성품은 아니니

如來說福德多(여래설복덕다) : 여래께서 복덕이 많다고 말씀하십니다.

若復有人(약부유인) : 만약 또 어떤 사람이

於此經中(어차경중) : 이 경전 중에

受持(수지) : (가르침을) 받아 지녀, 「'受'는 領受, '持'는 憶持」

乃至(내지) : 순서나 정도를 나타내는데 있어 그 사이를 줄일 적에 쓰는 말, 「또는, 또한, 혹은, 나아가」

受持乃至四句偈等(수지내지사구게등) : 4구게 등을 받아 지녀서

爲他人說(위타인설) : 다른 사람을 위하여 설하면

其(기) : 그 기, 그(지시 대명사), 의(관형격 조사), 그(감탄, 강세조사)

其福(기복) : 그 복이

勝(승) : 이길 승, 나을 승, 뛰어날 승.

彼(피) : 저 피, 그 피, 저쪽 피, 「삼인칭 대명사로 저사람, 그이」

勝彼(승피) : 저 보다 나을 것이니

一切諸佛(일체제불) : 일체 모든 부처님

及(급) : 미칠 급, 이를 급, 끼칠 급, 「접속부사로 '및', '와'」

及諸佛阿耨多羅三藐三菩提法(급제불아누다라삼막삼보제법) : 모든 부처님의 아뇩다라삼먁삼보리법이

從(종) : 좇을 종, 따를 종, 들을 종, 모실 종,

皆從此經出(개종차경출) : 모두 이 경으로부터 나오는 것이다.

所謂(소위) : 이른 바

者(자) : 놈 자, 것 자, 곳 자, 이 자(此也), 어조사 자「~한 것, ~하는 사람, ~이다」

所謂佛法者(소위불법자) : 이른 바 부처님 법이란 것도

卽非佛法(즉비불법) : 곧 부처님 법이 아니다.

9. 일상무상분 (一相無相分 : 하나의 모습도 모습이 아님)

수보리야! 너의 생각은 어떠하냐? 수다원이 능히 이런 생각을 하면 내가 수다원과를 얻었다 하겠느냐?

수보리가 말씀드렸습니다.

아닙니다. 세존이시여! 왜냐하면 수다원은 이름이 '도의 흐름'에 들었다 하지만 들어간 곳이 없으니 형색 소리 냄새 맛 감촉 법에 들어가지 아니함이니 이름 하여 수다원이라 하기 때문입니다.

수보리야! 너의 생각은 어떠하냐? 사다함이 능히 이런 생각을 하면 내가 사다함과를 얻었다 하겠느냐?

수보리가 말씀드렸습니다.

아닙니다. 세존이시여! 왜냐하면 사다함은 이름이 '한번 가고 옴'이로되 실로 가고 옴이 없음이니 이름 하여 사다함이라 하기 때문입니다.

수보리야! 너의 생각은 어떠하냐? 아나함이 능히 이런 생각을 하면 내가 아나함과를 얻었다 하겠느냐?

수보리가 말씀드렸습니다.

아닙니다. 세존이시여! 왜냐하면 아나함은 이름이 '오지 아니함'이로되 실로 오지 아니함이 없음이니 이런고로 이름 하여 아나함이라 하기 때문입니다.

수보리야! 너의 생각은 어떠하냐? 아라한이 능히 이런 생각을 하면 내가 아라한도를 얻었다 하겠느냐?

수보리가 말씀드렸습니다.

아닙니다. 세존이시여! 왜냐하면 실로 법이 있지 않으므로 이름 하여 아라한이옵니다. 세존이시여! 만약 아라한이 이런 생각을 하되 내가 아라한도를 얻었다 하면 곧 나 사람 중생 목숨이 있는 것에 집착한 것입니다.

세존이시여! 부처님께서 저를 '다툼 없는 삼매'를 얻은 사람중에 가장 제일이라 말씀하십니다. 이는 제일가는 욕심을 여읜 아라한이라 하시나 세존이시여! 저는 이런 욕심을 여읜 아라한이라는 생각을 하지 아니합니다.

세존이시여! 제가 만약 '내가 아라한도를 얻었다'고 생각하면 세존께서는 곧 수보리가 아란나행을 좋아하는 이라고 말씀하시지 아니하셨을 것이니, 수보리가 실로 행한바가 없으니 수보리가 아란나행을 좋아한다고 이름 하실 것입니다.

須陀洹(수다원) : 四果의 첫 번째 '預流' 階位, 3가지 결박의 번뇌(身見, 戒取, 疑)를 끊고 凡俗한 생활에서 聖스런 흐름에 들어간 사람.

能作是念(능작시념) : 능히 이런 생각을 하면

我得須陀洹果不(아득수타원과부) : 내가 수다원과를 얻었다 하겠느냐?

名爲入流(명위입류) : 이름이 '도의 흐름에 들었다' 하지만

而無所入(이무소입) : 들어간 곳이 없으니

不入色聲香味觸法(불입색성향미촉법) : 색(형색)·성(소리)·향(냄새)·미(맛)·촉(감촉)·법에 들어가지 아니함이니

斯陀含(사다함) : 四果의 두번째 '一來' 階位, 3가지 결박의 번뇌(身見, 戒取, 疑)와 3독심(貪,瞋,痴)의 셋도 약화시켜 이 세상에 들어와 괴로움을 다하는 단계.

我得斯陀含果不(아득사다함과부) : 내가 사다함과를 얻었느냐?

名一往來(명일왕래) : 이름이 '한번 가고 옴'이로되

而實無往來(이실무왕래) : 실로 가고 옴이 없음이니

阿那含(아나함) : 사과의 세 번째 '不還' 階位, 5가지 결박의 번뇌(身見, 戒取, 疑, 貪, 瞋)를 끊고 이 세상에 옴이 없이 天上에서 涅槃에 드는 것을 뜻함.

我得阿那含果不(아득아나함과부) : 내가 아나함과를 얻었느냐?

名爲不來(명위불래) : 이름이 '오지 아니함'이로되

而實無不來(이실무불래) : 실로 오지 아니함이 없음이니

阿羅漢(아라한) : 四果의 가장 上階位, 一切의 번뇌(身見, 戒取, 疑, 貪, 瞋, 痴)를 끊고 현재의 法에서 그대로 解脫의 경계를 체득한 사람의 聖位

我得阿羅漢道不(아득아라한도부) : 내가 아라한도를 얻었느냐?

實無有法(실무유법) : 실로 법이 있지 않으므로

名阿羅漢(명아라한) : 이름하여 아라한이옵니다.

我得阿羅漢道(아득아라한도) : 내가 아라한도를 얻었다하면

卽爲着我人衆生壽者(즉위착아인중생수자) : 곧 나 · 사람 · 중생 · 목숨 있는 것에 집착한 것입니다.

無諍三昧(무쟁삼매) : 아라한은 마음에 나고 죽거나 가고 옴이 없고 오직 본래의 깨달음이 늘 비춤만 있으니, '다툼없는 삼매'라고 이름함.

人中(인중) : 사람 중에

最爲第一(최위제일) : 가장 제일이라

是第一離欲阿羅漢(시제일이욕아라한) : 이것이 제일가는 욕심을 여읜 아라한이라

我不作是念(아부작시념) : 제가 이런 생각을 하지 아니합니다

我是離欲阿羅漢(아시이욕아라한) : 제가 욕망을 여읜 아라한이다

我若作是念(아약작시념) : 제가 만약 이런 생각을 하되

阿蘭那行(아란나행) : '아란나'는 범어로 '다툼 없는 행'이다. 다툼 없는 행은 곧 청정한 행이다.

卽不說須菩提 是樂阿蘭那行者(즉불설수보리 시요아란나행자) : 곧 수보리가 아란나행을 좋아하는 이라고 말씀하시지 않으시니

以須菩提 實無所行(이수보리 실무소행) : 수보리가 실로 행한 바가 없으니

而名須菩提 是樂阿蘭那行(이명수보리 시요아란나행) : 수보리가 아란나행을 좋아한다고 이름하실 것입니다.

※ 行(행) : 조작의 뜻. 일체의 有爲法을 말한다. 有爲法은 연을 따라서 모여 일어나고, 만들어진다는 뜻. 또는 이것이 항상 변하여 생멸하는 것이므로 천류(川流)의 뜻으로 해석.

10. 장엄정토분 (莊嚴淨土分 : 정토를 장엄함)

부처님께서 수보리에게 말씀하셨습니다.

너의 생각은 어떠하냐? 여래가 옛날 연등불의 처소에 있을 때 법에 얻은바가 있었느냐?

아닙니다. 세존이시여! 여래께서 연등불 처소에서 법에 실로 얻은바가 없습니다.

수보리야! 너의 생각은 어떠하냐? 보살이 불토를 장엄하느냐?

아닙니다. 세존이시여! 왜냐하면 불토를 장엄한 것은 곧 장엄함이 아니니 이 이름이 장엄함인 것입니다.

그러므로 수보리야! 모든 보살마하살이 응당 이와 같이 청정심을 내는 것이니,

응당 색에 머물러 마음을 내지 말며, 응당 소리 냄새 맛 감촉 법에 머물러서 마음을 내지 말아야 하니, 응당 머무는바 없이 그 마음을 낼 것이니라.

수보리야! 비유하여 어떤 사람이 몸이 수미산왕만 하다면 너의 생각은 어떠하냐? 그 몸이 크다고 하겠느냐?

수보리가 말씀드렸습니다.

매우 큽니다. 세존이시여! 왜냐하면 부처님께서는 몸이 아닌 것을 말씀하시니 그 이름이 큰 몸일 뿐입니다.

然燈佛(연등불) : 過去七佛(과거칠불) 중의 한 부처님. 연등불 · 普光佛 (보광불) . 錠光佛(정광불)이라고도 한다. 과거세에 수행하던 석가모니에게 成道(성도)하리라는 授記(수기)를 주신 부처님이다.

昔在然燈佛所(석재연등불소) : 옛날 연등불의 처소에 있을 때

有所得不(유소득부) : 얻은 바가 있었느냐?

實無所得(실무소득) : 실로 얻은 바가 없습니다.

莊嚴(장엄) : 보관(寶冠)·칠보(七寶)·연화(蓮花)·영락(瓔珞)·보개(寶蓋)
　　　　　　등으로 선미(善美)를 다하여 국토·부처님·도량(道場)
　　　　　　등을 장식하는 일

※ 六祖慧能大師 解說

　① 세간의 불국토이니 절을 짓거나 사경 보시 공양.

　② 몸의 불국토이니 모든 사람을 볼 때 널리 공경심을 행함.

　③ 마음의 불국토이니 마음을 깨끗이 하면 곧 불국토도 깨끗하여
　　　생각 생각에 늘 얻은 바 없는 마음을 행함.

莊嚴佛土不(장엄불토부) : 불토를 장엄 하느냐?

莊嚴佛土者(장엄불토자) : 불토를 장엄한 것은

卽非莊嚴(즉비장엄) : 곧 장엄함이 아니니

是名莊嚴(시명장엄) : 이 이름이 장엄함인 것입니다.

應如是生淸淨心(응여시생청정심) : 응당 이와 같이 청정심을 내는 것이니

不應住色生心(불응주색생심) : 응당 색에 머물러 마을을 내지 말며

不應住聲香味觸法生心(불응주성향미촉법생심) : 응당 소리 · 냄새 ·
　　　맛 · 감촉 · 법에 머물러서 마음을 내지 말아야 하니

應無所住(응무소주) : 응당 머무는 바 없이

而生其心(이생기심) : 그 마음을 낼 것이니라.

譬如有人(비여유인) : 비유하건대 어떤 사람이

身如須彌山王(신여수미산왕) : 몸이 수미산왕과 같으면

是身 爲大不(시신 위대부) : 그 몸이 크다고 하겠느냐?

甚大(심대) : 매우 큽니다.

佛說非身(불설비신) : 부처님께서는 몸이 아닌 것을 말씀하시니

是名大身(시명대신) : 그 이름이 큰 몸일 뿐입니다.

11. 무위복승분 (無爲福勝分 : 무위의 복이 수승함)

　수보리야! 항하강 중에 있는 모래 수와 같이 이 모래 수 같은 항하강이 있다면 너의 생각은 어떠하냐? 이 모든 항하강의 모래가 어찌 많다고 하겠느냐?

　수보리가 말씀드렸습니다.

　매우 많습니다. 세존이시여! 모든 항하강만 하여도 오히려 수없이 많거늘 하물며 그 모래 수이겠습니까?

　수보리야! 내가 이제 진실한 말로 너에게 말하겠느니라. 만약 선남자 선여인이 있어 이 항하강의 모래 수만큼의 삼천대천세계에 가득찬 칠보를 보시에 쓴다면 얻는 복이 많겠느냐?

　수보리가 말씀드렸습니다.

　매우 많겠습니다. 세존이시여!

　부처님께서 수보리에게 말씀하셨습니다.

　만약 선남자 선여인이 이 경 가운데에 사구게 등 만이라도 받아 지녀서 다른 사람을 위하여 설한다면 이 복덕은 앞의 복덕보다 더 나을 것이니라.

恒河(항하) : 갠지스 강
如恒河中所有沙數(여항하중소유사수) : 항하강에 있는 모래수와 같이
如是沙等恒河(여시사등항하) : 이 모래수와 같은 항하강을
是諸恒河沙(시제항하사) : 이 모든 항하강의 모래가
寧爲多不(영위다부) : 어찌 많다고 하겠느냐?
但諸恒河(단제항하) : 모든 항하강만 하여도
尙多無數(상다무수) : 오히려 수없이 많거늘
何況其沙(하황기사) : 하물며 그 모래 이겠습니까
我今(아금) : 내가 이제
實言(실언) : 진실한 말로
汝(여) : 너 여, 물이름 여, 인칭대명사「너, 자네」

告汝(고여) : 너에게 말하겠다.

滿爾所恒河沙數　三千大千世界(만이소항하사수　삼천대천세계) : 이
　　　　항하강의 모래수의 삼천대천세계에 (가득)채워서

以用布施(이용보시) : 그것을 써서 보시하면

得福(득복) : 얻는 복이

多不(다부) : 많겠느냐?

甚多(심다) : 매우 많겠습니다.

於此經中(어차경중) : 이 경 가운데에

乃至(내지) : 순서나 정도를 나타내는데 있어 그 사이를 줄일 적에
　　　　쓰는 말,「또는, 혹은, 나아가」

受持(수지) : (가르침을) 받아 지녀,「'受'는 領受, '持'는 憶持」

四句偈(사구게) : 4구게로 된 게문(偈文)

乃至受持四句偈等(내지수지사구게등) : 사구게등 이라도 받아 지녀서

爲他人說(위타인설) : 다른 사람을 위하여 말한다면

而此福德(이차복덕) : 이 복덕은

勝(승) : 이길 승, 나을 승, 뛰어날 승.

勝前福德(승전복덕) : 앞의 복덕보다 더 나으니라.

12. 존중정교분 (尊重正敎分 : 바른 가르침을 존중이 함)

　또한 수보리야! 이 경이나 나아가 사구게 등이라도 따라 설한다면
마땅히 알라 이 곳은 일체 세간의 천상 인간 아수라가 모두 마땅히
공양을 부처님 탑묘와 같이 하거늘, 하물며 어떤 사람이 다 능히
받아 지니고 읽고 외움이겠는가!

　수보리야! 마땅히 알라 이 사람은 가장 높고 제일의 희유한 법을
성취할 것이니, 만약 이 경전이 있는 곳이면 곧 부처님이나 존중 받는
제자가 있는 것이니라.

復次(부차) : 또(한) 다음으로

隨說是經(수설시경) : 이 경 설함에 따라

當知此處(당지차처) : 마땅히 알아라 이 곳은

一切世間千人阿修羅(일체세간천인아수라) : 일체세간의 하늘, 인간, 아수라가

皆應供養(개응공양) : 모두 마땅히 공양을 하거늘

如佛塔廟(여불탑묘) : 부처님 탑묘와 같이

何況(하황) : 하물며

何況有人(하황유인) : 하물며 어떤 사람이

盡能受持讀誦(진능수지독송) : 다 능히 받아 지니고 읽고 외움이겠는가!

希有(희유) : 아주 드물고 진귀한 것

成就最上第一希有之法(성취최상제일희유지법) : 가장 높은 제일의 희유한 법을 성취할 것이니

若是經典所在之處(약시경전소재지처) : 만약 이 경전이 있는 곳은

卽爲有佛 若尊重弟子(즉위유불 약존중제자) : 곧 부처님이나 존중받는 제자가 있는 것이니라.

13. 여법수지분 (如法受持分 : 법답게 받아 지녀라)

그때 수보리가 부처님께 여쭈었습니다.

세존이시여! 마땅히 어떻게 이 경을 이름하며 저희들이 어떻게 받들어 지녀야 합니까?

부처님께서 수보리에게 말씀하셨습니다.

이 경은 이름은 '금강반야바라밀'이니 이 이름으로써 너희들은 마땅히 받들어 지녀야한다. 무슨 까닭인가 수보리야! 부처님께서 설하신 반야바라밀은 곧 반야바라밀이 아니니 이 이름이 반야바라밀이니라.

수보리야! 너의 생각은 어떠하냐? 여래가 설한바 법이 있느냐?

수보리가 부처님께 말씀드렸습니다.

세존이시여! 여래께서는 설한바가 없습니다.

수보리야 너의 생각은 어떠하냐? 삼천대천세계에 있는 미진(티끌)이 많다고 하겠느냐?

수보리가 말씀드렸습니다.

매우 많습니다. 세존이시여!

수보리야! 모든 미진은 여래가 미진이 아니라고 설하시니 이 이름이 미진이니라. 여래가 설하신 세계도 세계가 아니니 이 이름이 세계니라.

수보리야! 너의 생각은 어떠하냐? 가히 삼십이상으로써 여래를 볼 수 있겠느냐?

아닙니다. 세존이시여! 가히 삼십이상으로써 여래를 볼 수 없습니다. 왜냐하면 여래께서 설하신 삼십이상은 곧 이 상이 아니니 이 이름이 삼십이상입니다.

수보리야! 만약 선남자 선여인이 있어 항하강의 모래 수 같은 몸과 목숨으로써 보시하고, 만약 또 어떤 사람이 이 경 가운데서 사구게 같은 것이라도 받아 지녀서 다른 사람을 위하여 설하면 그 복이 보다 매우 많으니라.

爾時(이시) : 그때, 그 당시
白佛言(백불언) : 부처님께 여쭈었다
當何名此經(당하명차경) : 마땅히 어떻게 이 경을 이름하며
我等(아등) : 저희들이
云何奉持(운하봉지) : 어떻게 받들어 지녀야 합니까?
名爲金剛般若波羅蜜(명위금강반야파라밀) : 이름하여 금강반야바라밀이니
以是名字(이시명자) : 이 이름으로써
汝當奉持(여당봉지) : 너희들은 마땅히 받들어 지녀야한다.
所以者何(소이자하) : 그 까닭이 무엇이냐, 무슨 까닭인가, 어째서 인가
佛說般若波羅蜜(불설반야바라밀) : 부처님께서 설하신 반야바라밀은
卽非般若波羅蜜(즉비반야바라밀) : 곧 반야바라밀이 아니니
是名般若波羅蜜(시명반야바라밀) : 이 이름이 반야바라밀이니라.
有所說法不(유소설법부) : 설한바 법이 있느냐?
無所說(무소설) : 설하신 바가 없습니다.

微塵(미진) : 아주 작은 티끌, 중생의 성품중에 있는 망녕된 생각

三千大千世界 所有微塵(삼천대천세계 소유미진) : 삼천대천세계에
　　　　있는 미진이

是爲多不(시위다부) : 이것이 많으냐?

諸微塵(제미진) : 모든 미진은

非微塵(비미진) : 미진이 아니니

是名微塵(시명미진) : 이 이름이 미진 이니라

如來說 世界도 非世界이니 是名世界니라(여래설 세계도 비세계이니
시명세계니라) : 여래께서 설하신 세계도 세계가 아니니 이 이름이
　　　　세계니라.

※ 六祖慧能大師 해설 : 성품 가운데 티끌번뇌가 없으면 곧 **부처의
世界**요, 마음 가운데 티끌번뇌가 있으면 곧 **중생의 世界**이니,
온갖 망령된 생각이 비어 고요함을 사무쳐 아는 까닭에 非世界
(세계가 아니)라 한다.

　　　여래의 법신을 증득하여 널리 티끌 수같이 많은 세계에 나타내
보여서 근기에 맞추어 작용함에 일정한 틀이 없으니 **是名世界**
(이 이름이 세계)라 한다.

可以三十二相(가이삼십이상) : 가히 삼십이상으로써

見如來不(견여래부) : 여래를 볼 수 있겠느냐?

不可以三十二相 得見如來(불가이삼십이상 득견여래) : 가히 삼십이상
　　　　으로 여래를 볼 수 없으니

卽是非相(즉시비상) : 곧 이(삼십이)상이 아니니

是名三十二相(시명삼십이상) : 이 이름이 삼십이상 입니다.

身命(신명) : 몸과 목숨

以恒河沙等身命(이항하사등신명) : 항하강의 모래 수 같은 몸과 목숨
　　　　으로써

若復有人(약부유인) : 만약 또 어떤 사람이

於此經中(어차경중) : 이 경중에서

乃至受持四句偈等(내지수지사구게등) : 사구게같은 것이라도 받아지녀서

爲他人說(위타인설) : 다른 사람을 위하여 설하면

14. 이상적멸분 (離相寂滅分 : 상을 떠나서 적멸함)

그때 수보리가 이 경 설하심을 듣고 뜻과 취지를 깊이 이해하여 (깨달아) 눈물을 흘리며 슬피 울면서 부처님께 말씀드렸습니다.

경이롭습니다. 세존이시여! 부처님께서 이와 같은 매우 깊은 경전을 설하심은 제가 옛날 이래로 얻은 혜안으로는 일찍이 이 같은 경은 듣지 못했습니다.

세존이시여! 만약 또 어떤 사람이 이 경을 듣고 신심이 청정하면 곧 실상(존재의 참모습, 깨달음)을 내리니 이 사람은 마땅히 제일의 보기 드문 공덕을 성취할 것임을 알겠습니다.

세존이시여! 이 실상이라는 것은 곧 이 상이 아님이니 이런고로 여래께서 이름이 실상이라고 말씀하신 것입니다.

세존이시여! 제가 이제 이와 같은 경전을 얻어 듣고 믿고 알아서 (깨쳐서) 받아 지님은 어려움이 없지만은 만약 마땅히 오는 세상 오백년 후에 그 어떤 중생이 이 경을 얻어 듣고 믿고 알아서 받아 지니면 이 사람은 곧 제일의 보기 드물 것입니다.

왜야하면 이 사람은 아상이 없고 인상도 없고 중생상도 없으며 수자상이 없습니다. 무슨 까닭인가 아상이 곧 상이 아니며 인상 중생상 수자상도 곧 상이 아닙니다. 왜냐하면 일체의 모든 상을 여의면 곧 모든 부처님이라 이름 하기 때문입니다.

부처님께서 수보리에게 말씀하셨습니다.

그렇고 그렇다. 만약 또 어떤 사람이 이 경을 얻어 듣고 놀라지 않고 두려워 하거나 겁내지 않으면 마땅히 이 사람은 매우 보기 드문 줄 알아야한다. 왜냐하면 수보리야! 여래께서 설하신 제일바라밀은 곧 제일바라밀이 아니니 이 이름이 제일바라밀이니라.

수보리야! 인욕바라밀도 여래께서 설하신 인욕바라밀이 아니니 이 이름이 인욕바라밀이니라.

왜냐하면 수보리야! 내가 옛날 가리왕에게 신체를 베어 끊어도 내가 그때에 아상도 없고 인상도 없고 중생상도 없으며 수자상도 없었느니라. 왜냐하면 내가 옛날에 사지가 마디 마디 잘릴 때 만약 아상 인상 중생상 수자상이 있었다면 응당 성내고 원망했을 것이니라.

수보리야! 또 생각하니 과거 오백세 동안에 인욕선인이 되어 그 세상에서 아상도 없고 인상도 없고 중생상도 없으며 수자상도 없었느니라

이런고로 수보리야! 보살은 응당 일체의 상을 떠나서 아뇩다라삼 먁삼보리심을 내야할 것이니 응당 색에 머물러 마음을 내지 말며, 응당 소리 냄새 맛 감촉 법에 머물러서 마음을 내지 말아야 하니 응당 머무는바 없는 마음을 내야할 것이니라. 만약 마음에 머무름이 있으면 곧 그것은 머무름이 아니니라. 그러므로 부처님께서 말씀 하시기를 보살은 마땅히 마음이 색에 머물지 말고 보시를 해야 하느니라.

수보리야! 보살은 일체중생의 이익을 위하여 응당 이와 같이 보시를 해야 하니, 여래께서 설하신 일체의 모든 상은 곧 이것이 상이 아니며 또 설하신 일체중생도 곧 중생이 아니니라.

수보리야! 여래는 참된 말을 하는 분이며 실다운 말을 하는 분이며 같은 말을 하는 분이며 속이는 말을 하지 않는 분이며 다른 말을 하지 않는 분이니라.

수보리야! 여래께서 얻으신 법은 이 법이 실다움도 없고 헛됨도 없느니라.

수보리야! 보살이 마음이 법에 머물러서 보시를 행하면 마치 어떤 사람이 어둠속에 들어가면 곧 보이는 바가 없음과 같음이요, 만약 보살이 마음이 법에 머무르지 아니하고 보시를 행하면 마치 어떤 사람이 눈이 있어 햇빛이 밝게 비추어 가지가지 색(사물)을 보는 것과 같느니라.

수보리야! 마땅히 오는 세상에 만약 어떤 선남자 선여인이 능히 이 경을 받아 지니고 읽고 외우면 곧 여래께서 부처님의 지혜로써 이 사람을 다 알며 이 사람을 다 보시니 모두 한량없고 끝이 없는 공덕을 성취하느니라.

聞說是經(문설시경) : 이 경 설하시는 것을 듣고

深解義趣(심해의취) : 뜻과 취지를 깊이 이해하여(깨달아)

涕淚悲泣(체루비읍) : 눈물을 흘리며 슬피(감격하여) 울면서

而白佛言(이백불언) : 부처님께 말씀 드리되

佛說如是甚深經典(불설여시심심경전) : 부처님께서 이와 같은 매우
　　　　　　　깊은 경전을 설하심은

從(종) : 좇을 종, 따를 종, 들을 종, 모실 종,

昔(석) : 옛 석, 오랠 석, 접때 석, 밤 석.

我從昔來(아종석래) : 제가 옛날 이래로(옛부터 이제까지 내려온)

所得慧眼(소득혜안) : 얻은 혜안으로는

未(미) : 아닐 미(아직 ~ 하지 못하다 **※지나간 일이나 사실을 부정**
　　　하는데 쓰임), 미래 미,

曾(증) : 일찍 증, 이에 증, 거듭 증, 더할 증, 층 층(層과 同).

未曾(미증) : 일찍이 아직까지 ~하지 못하다.

未曾得聞 如是之經(미증득문 여시지경) : 일찍이 이 같은 경은 듣지
　　　　　　　못했습니다.

若復有人(약부유인) : 만약 또 어떤 사람이

得聞是經(득문시경) : 이 경을 듣고

信心淸淨(신심청정) : 신심(의심을 여읜 청정한 마음)이 청정하면

實相(실상) : 있는 그대로의 모양, 존재의 참된 모습

卽生實相(즉생실상) : 곧 실상(존재의 참모습, 깨달음)을 내리니

※ 卽生實相 : 부처님 말씀을 '깨닫는다'. 實相은 相이 아닌고로
　　　　　實相이라 說. 분별이 다 없어진 상태로 相(모습) 이라고
　　　　　말할 수 없는 상태. 四相이 없으면 實相(참모습)이라
　　　　　이름하며, 이것이 곧 부처님 마음이다.(六祖慧能大師 解)

成就第一希有功德(성취제일희유공덕) : 제일 드문 공덕을 성취할 것입니다.

者(자) : 놈 자, 것 자, 곳 자, 이 자(此也), 어조사 자「~한 것, ~한는
　　　사람, ~이다」

是實相者(시실상자) : 이 실상(존재의 참모습)은(이라는 것은)

卽是非相(즉시비상) : 곧 이 상이 아님이니

是故(시고) : 이런 까닭으로

如來說名實相(여래설명실상) : 여래께서 이름이 실상이라 말씀하신
　　　　　　　　것입니다.

今(금) : 이제 금, 곧 금, 바로 금, 이에 금(사물을 가리킴), 접두사
　　　　「'지금'의 뜻(今方), 오늘 금(今日)」.

我今(아금) : 제가 이제

得聞如是經典(득문여시경전) : 이와 같은 경전을 얻어 듣고

信解受持(신해수지) : 믿고 알아서(깨쳐서) 받아 지님은

不足爲難(부족위난) : 어려움이 없지만은

當(당) : 마땅할 당, 당할 당, 맡을 당, 맞을 당, 저당 당, 관형사「그,
　　　　바로 그, 이, '지금'의 등의 뜻」, 지키다, 비기다, 마땅히
　　　　~하여야 한다, 곧~하려한다.

若當來世 後五百歲(약당래세 후오백세) : 만약 마땅히 오는 세상
　　　　　　　　오백년 후에

其有衆生(기유중생) : 그 어떤 중생이

卽爲第一希有(즉위제일희유) : 곧 제일의 희유(보기 드물 것이)니

何以故(하이고) : 무슨 까닭인가? 왜야하면.

我相(아상) : 자아가 있다는 관념

人相(인상) : 나 이외의 '남이다'라는 차별 관념

衆生相(중생상) : 중생이 있다는 관념

壽者相(수자상) : 수명을 가진 생명이라는 관념

所以者何(소이자하) : 그 까닭이 무었이냐, 무슨 까닭인가, 어째서 인가

卽是非相(즉시비상) : 곧 상이 아니며

離一切諸相(이일체제상) : 일체의 모든 상을 여의면(떠나면)

卽名諸佛(즉명제불) : 곧 모든 부처님이라고 이름하기 때문입니다.

如是如是(여시여시) : 이와 같다 이와 같다. 그렇고 그렇다.

不驚不怖不畏(불경불포불외) : 놀라지 않고 두려워하거나 겁내지 않으면

甚爲希有(심위희유) : 매우 희유한(보기 드문) 것이니

如來說 第一波羅蜜(여래설 제일바라밀) : 여래께서 설하신 제일바라밀은

卽非第一波羅蜜(즉비제일바라밀) : 곧 제일바라밀이 아니니

是名第一波羅蜜(시명제일바라밀) : 이 이름이 제일바라밀이니라.

如來說 非忍辱波羅蜜(여래설 비인욕바라밀) : 여래께서 설하신 인욕
 바라밀이 아니니

是名忍辱波羅蜜(시명인욕바라밀) : 이 이름이 인욕바라밀이니라.

歌利王(가리왕) : 부처님이 過去世에 忍辱仙人이 되어 수도할 때에
 부처님 팔 다리를 끊었다고 하는 극악무도한 왕.

如我昔爲歌利王(여아석위가리왕) : 내가 옛날 가리왕에게

割截身體(할절신체) : 신체를 베어 끊어(갈기갈기 찢어)도

我於爾時(아어이시) : 내가 그때에

往昔(왕석) : 옛날, 옛적

節節(절절) : 뼈의 마디마디

我於往昔 節節支解時(아어왕석 절절지해시) : 내가 옛날에 사지가
 마디마디 잘릴 때

若有我相人相衆生相壽者相(약유아상인상중생상수자상) : 만약 아상,
 인상, 중생상, 수자상이 있었다면

應生嗔恨(응생진한) : 응당 성내고 원망했을 것이라

又念(우념) : 또 생각하니

過去於五百世(과거어오백세) : 과거 오백세 동안에

作忍辱仙人(작인욕선인) : 인욕선인이 되어

於爾所世(어이소세) : 그 세상에서

是故(시고) : 이런 까닭으로, 이러하므로, 그러므로

應離一切相(응이일체상) : 응당(반드시) 모든 상을 떠나서

發阿耨多羅三藐三菩提心(발아뇩다라삼먁삼보리심) : 아뇩다라삼먁삼
 보리의 마음을 내야하니

不應住色生心(불응주색생심) : 응당 색에 머물러 마을을 내지 말며

不應住聲香味觸法生心(불응주성향미촉법생심) : 응당 소리 · 냄새 ·
 맛 · 감촉 · 법에 머물러서 마음을 내지 말아야 하니

應生無所住心(응생무소주심) : 응당 머무는 바 없는 마음을 낼 것이니라.

若心有住(약심유주) : 만약 마음에 머무름이 있으면

卽爲非住(즉위비주) : 곧 머무름이 아니니

佛說菩薩(불설보살) : 부처님께서 말씀하시기를 보살은

心不應住色布施(심불응주색보시) : 마땅히 마음이 색에 머물지 말고
보시를 해야 하느니라.

爲利益一切衆生(위이익일체중생) : 일체중생의 이익을 위하여

應如是布施(응여시보시) : 응당 이와 같이 보시를 해야 하니

如來說 一切諸相(여래설 일체제상) : 여래께서 설하신 일체의 모든 상은

卽是非相(즉시비상) : 곧 이것이 상이 아니며

又說一切衆生(우설일체중생) : 또 설하신 일체 중생도

卽非衆生(즉비중생) : 곧 중생이 아니니라

是眞語者(시진어자) : 참된 말을 하는 분이며, ※ (六祖解) 생각이 있
거나 생각이 없는 모든 것에 다 '부처의 性品이' 있음을 말함.

實語者(실어자) : 실다운 말을 하는 분이며, ※ (六祖解) 중생이 나쁜
업을 지으면 결정코 '괴로운 과보'를 받는다고 설하는 것.

如語者(여어자) : 같은 말을 하는분, ※ (六祖解) 중생이 착한 법을
닦으면 결정코 '즐거운 과보'를 받는다고 설하는 것.

不誑語者(불광어자) : 속이는 말을 하지 않는 분, ※ (六祖解) 반야
바라밀법이 삼세의 모든 부처님을 출생시키되 결정코 허망
하지 안다는 말.

不異語者(불이어자) : 다른 말을 하지 않는 분, ※ (六祖解) 처음도
좋고 가운데도 좋고 나중도 좋아서 뜻이 깊고, 미묘하여
모든 하늘 마와 외도가 능이 그것을 뛰어넘거나 부처님
말씀을 파괴할 이가 없는 것이다.

如來所得法(여래소득법) : 여래께서 얻으신 법은

此法(차법) : 이 법이

無實無虛(무실무허) : 실다움도 없고 헛됨도 없느니라.

※ (六祖解) : 無實(실다움도 없고)은 體가 空하고 고요하여 相(모습)을 가히 얻을 수 없음이다. 그러나 그 가운데 한량없는 性品의 德이 있어서 써도 다하지 않음으로 無虛(헛됨도 없다)라 말한다. 그러므로 있다고도 말하지 못하며, 없다고도 말하지 못하니 있으되 있는 것이 아니요, 없어도 없는 것이 아니다.

若菩薩(약보살) : 만약 보살이

心住於法(심주어법) : 마음이 법에 머물러서 (於는 '~에'의 뜻)

而行布施(이행보시) : 보시를 행하면 (而는 '~하다, '~하고'의 뜻)

如人(여인) : 마치 어떤 사람이

入闇(입암) : 어둠속으로 들어가면

卽無所見(즉무소견) : 곧 보이는 바가 없음과 같음이요

心不住法(심부주법) : 마음이 법에 머무르지 아니하고

有目(유목) : 눈이 있어서

日光明照(일광명조) : 햇빛이 밝게 비추어

見種種色(견종종색) : 가지가지 색(사물)을 보는 것과 같느니라.

當來之世(당래지세) : 마땅히 오는 세상에

若有善男子善女人(약유선남자선여인) : 만약 어떤 선남자 선여인이

能於此經(능어차경) : 능히 이 경을

受持讀誦(수지독송) : 받아 지니고 읽고 외우면

卽爲如來 以佛智慧(즉위여래 이불지혜) : 곧 여래께서 부처님의 지혜로써

悉知是人(실지시인) : 이 사람을 다 알며

悉見是人(실견시인) : 이 사람을 다 보시니

皆得成就 無量無邊功德(개득성취 무량무변공덕) : 모두 한량없고 끝이없는 공덕을 성취 하니라

15. 지경공덕분 (持經功德分 : 경을 지니는 공덕)

　수보리야! 만약 어떤 선남자 선여인이 있어 아침에 항하강의 모래 수 같은 몸으로 보시하고, 낮에 다시 항하강의 모래 수 같은 몸으로 보시하고, 저녁에 또한 항하강의 모래 수 같은 몸으로 보시하여 이와 같이 한량없는 백천만억겁 동안을 이 몸으로서 보시하여도 만약 또 어떤 사람이 이 경전을 듣고 믿는 마음이 거스르지 아니하면 그 복이 그보다 나을 것이니, 어찌 하물며 베껴 쓰고 받아 지니고 읽고 외워서 남을 위하여 해설해 줌이겠느냐!

　수보리야! 요약해서 말하면 이 경은 가히 생각할 수도 없으며 헤아릴 수 없는 끝없는 공덕이 있으니, 여래께서는 대승에 발심한 사람들을 위하여 설하시며, 최상승을 발심한 사람들을 위하여 설하심이니라.

　만약 어떤 사람이 능히 받아 지니고 읽고 외워서 널리 남을 위하여 설하면 여래께서는 그 사람을 다 알고, 그 사람을 다 보시니 모두 헤아릴 수 없고 칭량할 수도 없고 끝없는 불가사의한 공덕을 성취하리니, 이와 같은 사람들은 곧 여래의 아뇩다라삼먁삼보리를 짊어짐이니라.

　왜냐하면 수보리야! 만약 작은 법을 좋아하는 사람은 나라는 견해 사람이라는 견해 중생이라는 견해 목숨이라는 견해에 집착하니 곧 이 경에 능히 듣고 받아 읽고 외워 남을 위해 해설해 줄 수 없는 것이니라.

　수보리야! 있는 곳곳 만약 이 경이 있으면 일체 세간의 천상 인간 아수라가 응당 공양할 것이니, 마땅히 알라 이곳은 곧 탑이라. 모두 응당 공경하며 예를 지어 둘러서서 모든 꽃과 향으로써 그곳에 뿌리느니라.

初日分(초일분) : 하루 중 1/3의 앞 부분 시간, 아침에
以恒河沙等身(이항하사등신) : 항하강의 모래 수 같은 몸으로

中日分(중일분) : 하루 중 1/3의 중간 부분 시간, 낮에

復以恒河沙等身(부이항하사등신) : 다시 항하강의 모래 수 같은 몸으로

後日分(후일분) : 하루 중 1/3의 끝 부분 시간, 저녁에

亦以恒河沙等身(역이항하사등신) : 또한 항하강의 모래 수 같은 몸으로

如是無量百千萬億劫(여시무량백천만억겁) : 이와 같이 한량없는 백천만억 겁을

以身布施(이신보시) : 몸으로써 보시하여도

聞此經典(문차경전) : 이 경전을 듣고

信心不逆(신심불역) : 믿는 마음이 거스르지 아니하면

其福(기복) : 그 복이

勝彼(승피) : 그보다 (몸을 보시한 복보다) 나을 것이니

何況(하황) : 어찌 하물며

何況書寫受持讀誦(하황서사수지독송) : 어찌 하물며 베껴 쓰고 받아 지니고 읽고 외워서

爲人解說(위인해설) : 사람(남)을 위하여 해설해 줌이겠느냐.

以要言之(이요언지) : 요약해서 말하면

不可思議(불가사의) : 가히 생각으로 논할 수 없으며

不可稱量(불가칭량) : 가히 양을 헤아릴 수 없는

無邊功德(무변공덕) : 끝이 없는 공덕

有不可思議 不可稱量 無邊功德(유불가사의 불가칭량 무변공덕) : 가히 생각하지도 못하며 헤아릴 수 없는 양의 끝없는 공덕이 있으니

爲發大乘者說(위발대승자설) : 대승을 발한(발심한) 사람들을 위하여 설하시며

爲發最上乘者說(위발최상승자설) : 최상승을 발한(발심한) 사람들을 위하여 설하심이니라.

若有人(약유인) : 만약 어떤 사람이

能受持讀誦(능수지독송) : 능히 받아 지니고 읽고 외워서

廣爲人說(광위인설) : 널리 사람(남)을 위하여 설하면

悉知是人(실지시인) : 이 사람을 다 알며

悉見是人(실견시인) : 이 사람을 다 보며

皆得成就 不可量 不可稱 無有邊 不可思議功德(개득성취 불가량 불가칭 무유변 불가사의공덕) : 헤아릴 수 없고 칭량할 수도 없고 끝 없는 불가사의한 공덕을 모두 성취하리니

如是人等(여시인등) : 이 같은 사람들은

荷擔(하담) : 짊어지다

卽爲荷擔 如來阿耨多羅三藐三菩提(즉위하담 아누다라삼막삼보제) : 곧 여래의 아뇩다라삼먁사보리를 짊어짐이니라.

若樂小法者(약요소법자) : 만약 작은 법을 좋아하는 사람은

着我見 人見 衆生見 壽者見(착아견 인견 중생견 수자견) : 나라는 견해 사람이라는 견해 중생이라는 견해 목숨이라는 견해에 집착하니

卽於此經(즉어차경) : 곧 이 경에

不能聽受讀誦 爲人解說(불능청수독송 위인해설) : 능히 듣고 받아 읽고 외워 사람(남)을 위해 해설해줄 수 없는 것이니라.

在在處處(재재처처) : 있는 곳곳, 곳곳마다

若有此經(약유차경) : 만약 이 경이 있으면

一切世間天人阿修羅(일체세간천인아수라) : 일체 세간의 하늘 인간 아수라가

所應供養(소응공양) : 응당 공양할 것이니

當知此處(당지차처) : 마땅히 알라 이 곳은

卽爲是塔(즉위시탑) : 곧 이 탑이이라

皆應恭敬(개응공경) : 모두 응당 공경하며

作禮圍遶(작례위요) : 예를 지어 둘러서서

以諸華香(이제화향) : 모든(여러가지) 꽃과 향으로

而散其處(이산기처) : 그곳에 뿌리느니라.

16. 능정업장분 (能淨業障分 : 능히 업장을 깨끗이 함)

　또한 수보리야! 선남자 선여인이 이 경을 받아 지니고 읽고 외우되, 만약 남에게 업신여김을 당하면 이 사람은 지난 세상의 죄업으로 응당 악도에 떨어질 것이지만 지금의 세상 사람들의 업신여김을 받은 고로 지난 세상의 죄업을 바로 소멸하고 마땅히 아뇩사라삼먁삼보리를 얻을 것이니라.

　수보리야! 내가 과거 한량없는 아승기겁을 생각하니 연등부처님 만나기 이전에 팔백사천만억 나유타의 모든 부처님을 만나 뵙고 모두 다 공양하고 받들어 섬기되 헛되이 지나친 것이 없었느니라.

　만약 또 어떤 사람이 앞으로 오는 말세에 능히 이경을 받아 지니고 읽고 외우면, 얻는 공덕은 내가 모든 부처님께 공양한 공덕으로는 백분에 일에도 미치지 못하며 천만억분과 또한 산수 비유로도 능히 미치지 못함이니라.

　수보리야! 만약 선남자 선여인이 앞으로 오는 말세에 이 경을 받아 지니고 읽고 외워서 얻은 공덕을 내가 만약 다 갖추어 말할 것 같으면 혹 어떤 사람이 듣고 마음이 곧 미쳐서 여우처럼 의심하여 믿지 않으리라.

　수보리야! 마땅히 알라 이 경은 뜻도 불가사의 하며 과보도 또한 불가사의 하느니라.

復此(부차) : 또 다음으로, 다시 또
受持讀誦此經(수지독송차경) : 이 경을 받아 지니고 읽고 외우되
若爲人輕賤(약위인경천) : 만약 남한테 업신여김을 당하면
先世罪業(선세죄업) : 지난 세상의 죄업
應墮惡道(응타악도) : 응당 악도에 떨어질 것이지만
以今世人(이금세인) : 지금의 세상 사람들의
輕賤故(경천고) : 업신여김을 받은 고로
即爲消滅(즉위소멸) : 바로 (선세죄업이)소멸하고

當得阿耨多羅三藐三菩提(당득아누다라삼막삼보제) : 마땅히 아뇩다라 삼먁삼보리를 얻을 것이니라.

阿僧祇劫(아승기겁) : 無數劫(무수겁)을 말함

我念 過去無量阿僧祇劫(아념 과거무량아승기겁) : 내가 과거 한량없는 아승기겁을 생각하니

然燈佛(연등불) : 過去七佛(과거칠불) 중의 한 부처님. 연등불ㆍ普光佛 (보광불)ㆍ錠光佛(정광불)이라고도 한다. 과거세에 수행하던 석가모니에게 成道(성도)하리라는 授記(수기)를 주신 부처 님이다.

於然燈佛前(어연등불전) : 연등부처님 만나기 이전에

值(치) : 만날 치, 값 치, 가질 치, 당할 치.

得値(득치) : 만나 뵙고

那由他(나유타) : 인도에서 많은 수를 표시하는 수량의 이름, 나유타의 백배 수천만 천억 만억 등의 수량.

得値八百四千萬億那由他諸佛(득치팔백사천만억나유타제불) : 팔백사천 만억 나유타의 모든 부처님을 만나 뵙고

承事(승사) : 받들어 섬기다

悉皆供養承事(실개공양승사) : 모두 다 공양하고 받들어 섬기되

無空過者(무공과자) : 헛되이 지나친 것이 없었느니라.

若復有人(약부유인) : 만약 또 어떤 사람이

於後末世(어후말세) : 후 말세에, 앞으로 오는 말세에

能受持讀誦此經(능수지독송차경) : 능히 이 경을 받아 지니고 읽고 외우면

所得功德(소득공덕) : 얻는 공덕은

於我所供養諸佛功德(어아소공양제불공덕) : 내가 모든 부처님께 공양한 공덕으로는

不及(불급) : 미치지 못함

百分 不及一(백분 불급일) : 백분의 일에도 미치지 못하며

千萬億分(천만억분) : 천만억분과

乃至(내지) : 순서나 정도를 나타내는데 있어 그 사이를 줄일 적에 쓰는 말,「또는, 또한, 혹은, 나아가」

乃至算數譬喻(내지산수비유) : 또한(나아가) 산수 비유로

所不能及(소불능급) : 능히 미치지 못함이니라.

若善男者善女人(약선남자선여인) : 만약 선남자 선여인이

有受持讀誦此經(유수지독송차경) : 이 경을 받아 지니고 읽고 외워서

所得功德(소득공덕) : 얻은 공덕을

我若具說者(아약구설자) : 내가 만약 다 갖추어 말할 것 같으면

或有人聞(혹유인문) : 혹 어떤 사람이 듣고

心卽狂亂(심즉광란) : 마음이 곧 미처서

狐疑不信(호의불신) : 여우처럼 의심하여 믿지 않으리라.

義(의) : 옳을 의, 의로울 의, 뜻 의

不可思議(불가사의) : 사람의 생각으로는 도저히 알 수 없는

果報(과보) : 인과 응보의 약칭

亦不可思議(역불가사의) : 또한 불가사의 이니라

17. 구경무아분 (究竟無我分 : 결국에는 나도 없다)

그때 수보리가 부처님께 여쭈었습니다.

세존이시여! 선남자 선여인이 아뇩다라삼먁삼보리심을 내는 데에는 응당 어떻게 머무르며 어떻게 그 마음을 항복 받아야 합니까?

부처님께서 수보리에게 말씀하셨습니다.

만약 선남자 선여인이 아뇩다라삼먁삼보리심을 내는 이는 마땅히 이와 같은 마음을 내어야 할 것이니 '내가 응당 일체 중생을 멸도하리라' 일체 중생을 멸도 하고는 한 중생도 멸도된 이가 없었느니라. 왜냐하면 수보리야! 만약 보살이 아상 인상 중생상 수자상이 있으면 곧 보살이 아니니라. 무슨 까닭인가 수보리야! 실로 법이 있지 않음이니 아뇩다라삼먁삼보리심을 낸 것이니라.

수보리야! 너의 생각은 어떠하냐? 여래가 연등부처님 처소에서 어떤 법이 있어 아뇩다라삼먁삼보리를 얻었느냐?

아닙니다. 세존이시여! 제가 부처님께서 말씀하신 바 뜻을 이해한 것 같으면 부처님께서 연등부처님 처소에서 어떤 법이 있음이 없어서 아뇩다라삼먁삼보리를 얻으신 것입니다.

부처님께서 말씀하셨습니다.

그렇고 그렇다. 수보리야! 실로 법이 있지 아니하여 여래가 아뇩다라삼먁삼보리를 얻었느니라.

수보리야! 만약 법이 있어서 여래가 아뇩다라삼먁삼보리를 얻은 것이라면 연등부처님이 곧 나에게 수기를 주시되 "너는 오는 세상에 마땅히 부처가 되어서 이름을 석가모니라" 하시지 않으셨을 것이니라.

실로 법이 있음이 없어서 아뇩다라삼먁삼보리를 얻었으니, 이런 까닭에 연등부처님이 수기를 주시고 이 말씀을 하시되 "너는 오는 세상에 마땅히 부처가 되어서 이름을 석가모니"라 하시니 왜야하면 여래라 함은 곧 모든 법에 '여여한 뜻'이니라.

만약 어떤 사람이 여래가 아뇩다라삼먁삼보리를 얻으셨다고 말하면 수보리야! 실로 법이 있지 아니하니 부처님이 아뇩다라삼먁삼보리를 얻으셨느니라. 수보리야! 여래께서 얻으신 아뇩다라삼먁삼보리는 이 가운데에 '실다움도 없고 헛됨'도 없느니라. 그러므로 여래께서 설하신 일체법이 모두 이것이 불법이니라. 수보리야! 말한 바 일체법인 것은 곧 일체법이 아니니라. 이런 고로 이름이 일체법이니라.

수보리야! 비유하니 사람의 몸이 길고 큰 것과 같으니라.

수보리가 말씀드렸습니다.

세존이시여! 여래께서 설하신 사람 몸의 장대는 곧 큰 몸이 아니니 이 이름이 큰 몸입니다.

수보리야! 보살도 또한 이와 같아서 만약 이런 말을 하되 내가 마땅히 한량없는 중생을 멸도 한다 하면 곧 보살이라 이름 할 수 없느니라. 왜냐하면 수보리야! 실로 법이 있지 않음을 보살이라 이름 하느니라.

그러므로 부처님께서 설하신 일체법이 나도 없고 사람도 없으며 중생도 없으며 수자도 없느니라.

　수보리야! 만약 보살이 이 말을 하되 내가 마땅히 불국토를 장엄하리라 하면 이것은 보살이라 이름 할 수 없느니라. 왜냐하면 여래께서 설하신 불국토를 장엄한다는 것은 곧 장엄이 아님이니 이 이름이 장엄이니라.

　수보리야! 만약 보살이 '내가 없다는 법'을 통달 한다면 여래는 이런 이를 참된 보살이라 이름 하느니라.

爾時(이시) : 그때, 그 당시
須菩提 白佛言(수보리 백불언) : 수보리가 부처님께 여쭈었다
發阿耨多羅三藐三菩提心(발아뇩다라삼먁삼보리심) : 아뇩다라삼먁삼
　　　　보리의 마음을 내면
云何(운하) : 어떻게, 어찌하여, 어떠한가
云何應住(운하응주) : 어떻게 응당 머무르며
云何降伏其心(운하항복기심) : 어떻게 그 마음을 항복시켜야 합니까?
發阿耨多羅三藐三菩提心者(발아뇩다라삼먁삼보리심자) : 아뇩다라삼
　　　　먁삼보리의 마음을 내는 이는
當生如是心(당생여시심) : 마땅히 이와 같은 마음을 내야할 것이니
我應滅度一切衆生(아응멸도일체중생) : 내가 응당 일체 중생을 멸도
　　　　하리라.
滅度一切衆生已(멸도일체중생이) : 일체 중생을 멸도하고 나서는
而(이) : 말이을 이, 너 이, 또 이, 에 이, 같을 이, 뿐 이, 어조사 이
　　　　문장 중에「~해서, ~하되, ~이나」또는「~하고, ~하다」의
　　　　뜻으로 쓰임.
而無有一衆生 實滅度者(이무유일중생 실멸도자) : 한 중생도 실로
　　　　멸도된 이가 없느니라.
若菩薩(약보살) : 만약 보살이
有我相 人相 衆生相 壽者相(유아상 인상 중생상 수자상) : 아상 인상
　　　　중생상 수자상이 있으면
卽非菩薩(즉비보살) : 곧 보살이 아니니라

所以者何(소이자하) : 그 까닭이 무엇이냐, 무슨 까닭인가, 어째서 인가

實無有法(실무유법) : 실로 법이 있지 않음이니

發阿耨多羅三藐三菩提心者(발아뇩다라삼먁삼보리심자) : 아뇩다라삼
     먁삼보리의 마음을 낸 것이니라.

於意云何(어의운하) : '於汝意云何'의 줄인말로 (네) 뜻이(생각이) 어떠냐?

於然燈 佛所(어연등불소) : 연등부처님 처소에서

有法(유법) : 어떤 법이 있어서

得阿耨多羅三藐三菩提不(득아뇩다라삼먁삼보리부) : 아뇩다라삼먁삼
     보리를 얻었느냐?

如我解佛所說義(여아해불소설의) : 제가 부처님께서 말씀 하신 바 뜻을
     이해한 것 같으면

實無有法(무유법) : 실로 법이 있지 아니하여

得阿耨多羅三藐三菩提(득아뇩다라삼먁삼보리) : 아뇩다라삼먁삼보리를
     얻으신 것입니다.

若有法(약유법) : 만약 법이 있어서

得阿耨多羅三藐三菩提者(아뇩다라삼먁삼보리자) : 아뇩다라삼먁삼
     보리를 얻으신 것이라면

卽不與我授記(즉불여아수기) : 이 문장에 '不'은 뒤 문장 '釋迦牟尼'
     까지 부정하는 것임

汝於來世(여어래세) : 너는 오는 세상에

當得作佛(당득작불) : 마땅히 부처가 되어서

號(호) : 이름 호, 부를 호, 부르짖을 호

釋迦牟尼(석가모니) : 범어로 사까무니(Sakyamuni), 사까는 釋迦族
     (석가족)의 이름이고 모니는 聖者(성자)라는 뜻. 석가족의
     성자라는 뜻임.

卽不與我授記 汝於來世 當得作佛 號 釋迦牟尼(즉불여아수기 여어래세
당득작불 호 석가모니) : 나에게 "너는 오는 세상에 마땅히 부처가
     되어서 이름을 석가모니"라고 수기를 주시지 않으셨을 것이다

以實無有法(이실무유법) : 실로 법이 있음이 없어서

得阿耨多羅三藐三菩提(득아뇩다라삼먁삼보리) : 아뇩다라라삼먁삼보리를
          얻었으니

是故(시고) : 이런 까닭에

與我授記(여아수기) : 나에게 수기를 주시고

作是言(작시언) : 이 말씀을 하시되

者(자) : 놈 자, 것 자, 곳 자, 이 자(此也), 어조사 자「~한 것, ~하는
          사람, ~이다」

如來者(여래자) : 여래는, 여래라 함은, 여래라는 것은, ('者'는 어조사)

卽諸法(즉제법) : 곧 모든 법에

如義(여의) : 같은(여여한) 뜻 이니라

若有人(약유인) : 만약 어떤 사람이

言如來得阿耨多羅三藐三菩提(언여래득아뇩다라삼먁삼보리) : 여래가
          아뇩다라삼먁삼보리를 얻으셨다고 말하면

佛　得阿耨多羅三藐三菩提(불　득아뇩다라삼먁삼보리) : 부처님이
          아뇩다라삼먁삼보리을 얻으셨느니라.

如來 所得阿耨多羅三藐三菩提(여래 소득아뇩다라삼먁삼보리) : 여래께서
          얻으신 아뇩다라삼먁삼보리는

於是中(어시중) : 이 가운데에

無實無虛(무실무허) : 실다움도 없고 헛됨도 없느니라. (※14분 六祖解
          참조)

一切法(일체법) : 모든 만물(사람의 육체 정신, 사물, 사건 등) 전체에
          관한 법

如來說 一切法(여래설 일체법) : 여래께서 설하신 일체법이

皆是佛法(개시불법) : 모두 이것이 불법 이니라

所言一切法者(소언일체법자) : 말한바 일체법인 것은

卽非一切法(즉비일체법) : 곧 일체법이 아니니

名 一切法(명 일체법) : 이름이 일체법이니

譬如人身(비여인신) : 비유 하니 사람의 몸이

長大(장대) : 길고 큼

如來說 人身長大(여래설 인신장대) : 여래께서 설하신 사람 몸의 장대는

卽爲非大身(즉위비대신) : 곧 큰 몸이 아니니

是名大身(시명대신) : 이 이름이 큰 몸입니다.

亦如是(역여시) : 또한 이와 같아서

若作是言(약작시언) : 만약 이런 말을 하되

我當滅度無量衆生(아당멸도무량중생) : 내가 마땅히 한량없는 중생을
　　　　멸도한다 하면

卽不名菩薩(즉불명보살) : 곧 보살이라 이름할 수 없음이니

名爲菩薩(명위보살) : 보살이라 이름 하느니라.

佛說一切法(불설일체법) : 부처님께서 설하신 일체법이

無我 無人 無衆生 無壽者(무아 무인 무중생 무수자) : 나도 없으며
　　　　사람도 없으며 중생도 없으며 수자도 없느니라.

若菩薩(약보살) : 만약 보살이

作是言(작시언) : 이 말을 하되

我當莊嚴佛土(아당장엄불토) : 내가 마땅히 불국토를 장엄하리라 하면

是不名菩薩(시불명보살) : 이것은 보살이라 이름할 수 없음이니

如來說 莊嚴佛土者(여래설 장엄불토자) : 여래께서 설하신 불국토를
　　　　장엄한다는 것은

卽非莊嚴(즉비장엄) : 곧 장엄이 아님이니

是名莊嚴(시명장엄) : 이 이름이 장엄이니라.

通達無我法者(통달무아법자) : 무아법(내가 없는 법)을 통달한 한다면

名眞是菩薩(명진시보살) : 이를 참된 보살이라 이름 하느니라.

18. 일체동관분 (一體同觀分 : 한 몸으로 동일하게 보라)

수보리야! 너의 생각은 어떠하냐? 여래가 육안이 있느냐?

그렇습니다. 세존이시여! 여래께서는 육안이 있습니다.

수보리야! 너의 생각은 어떠하냐? 여래가 천안이 있느냐?

그렇습니다. 세존이시여! 여래께서는 천안이 있습니다.

수보리야! 너의 생각은 어떠하냐? 여래가 혜안이 있느냐?

그렇습니다. 세존이시여! 여래께서는 혜안이 있습니다.

수보리야! 너의 생각은 어떠하냐? 여래가 법안이 있느냐?

그렇습니다. 세존이시여! 여래께서는 법안이 있습니다.

수보리야! 너의 생각은 어떠하냐? 여래가 불안이 있느냐?

그렇습니다. 세존이시여! 여래께서는 불안이 있습니다.

수보리야! 너의 생각은 어떠하냐? 항하강에 있는 모래와 같은 것을 부처님께서 이러한 모래를 설하신 적이 있느냐?

그렇습니다. 세존이시여! 여래께서 말씀하신 그 모래입니다.

수보리야! 너의 생각은 어떠하냐? 항하강에 있는 모래와 같은 이러한 모래 수만큼의 항하강이 있어 이 모든 항하강의 모래 수만큼의 불세계가 이와 같다면 많지 않겠느냐?

매우 많습니다. 세존이시여!

부처님께서 수보리에게 말씀하셨습니다.

이 국토 중에 있는 중생의 약간의 차별된 마음가짐이라도 여래는 다 아느니라. 왜냐하면 여래가 설한 마음은 모두 마음이 아니니 이 이름이 마음이기 때문이니라.

무슨 까닭인가 수보리야! 과거의 마음도 얻지 못하며 현재의 마음도 얻지 못하며 미래의 마음도 얻지 못함이니라.

肉眼(육안) : 중생의 육신의 눈 眼識. ※ **(六祖解)** 처음에 미혹한 마음을 제거한 것을 육안이라 이름한다.

如來 有肉眼不(여래 유육안부) : 여래가 육안이 있느냐?

天眼(천안) : 色界(색계)의 천인들이 타고난 神眼(신안), 수행자의 주야불문 공간을 초월하여 모두 볼 수 있는 눈, ※ (六祖解) 일체 중생이 모두 불성이 있음을 보아서 가엾이 여기는 일으킴을 천안이라 이름한다, 일체중생이 반야의 성품을 갖춘 줄 아는 것.

여래 有天眼不(여래 유천안부) : 여래가 천안이 있느냐?

慧眼(혜안) : 진리를 밝게 보는 눈, ※ (六祖解) 어리석은 마음이 없어짐을 이름하여 혜안, 반야바라밀이 능히 삼세의 모든 법을 내는 줄 아는 것.

如來 有慧眼不(여래 유혜안부) : 여래가 혜안이 있느냐?

法眼(법안) : 모든 법을 분명하게 비춰보는 눈, ※ (六祖解) 법에 집착한 마음이 없어짐을 이름 하여 법안, 모든 불법을 본래 스스로 갖춘 줄 아는 것을 이름 하여 법안.

如來 有法眼不(여래 유법안부) : 여래가 법안이 있느냐?

佛眼(불안) : 모든 법의 眞性(진성)을 비춰보는 부처님의 눈, ※ (六祖解) 미세한 미혹마저 길이 다하여 원만하게 밝고 두루 비추는 것을 불안, 성품을 보니 밝게 사무처 능소가 길이 없어짐을 이름하여 불안.

如來 有佛眼不(여래 유불안부) : 여래가 불안이 있느냐?

如恒河中所有沙(여항하중소유사) : 항하강에 있는 모래와 같은 것을

佛說是沙不(불설시사부) : 부처님께서 이러한 모래를 말씀하신 적이 있느냐?

如是(여시) : 이와 같으십니다, 그렇습니다.

如來說 是沙(여래설 시사) : 여래께서 말씀하신 그 모래입니다.

如一恒河中所有沙(여일항하중소유사) : 항하강에 있는 모래와 같은

有如是沙等恒河(유여시사등항하) : 이러한 모래 수만큼의 항하강이 있어

是諸恒河(시제항하) : 이 모든 항하강의

所有沙數(소유사수) : 모래 수 만큼의

佛世界(불세계) : 불세계가

如是 寧爲多不(여시 영위다부) : 이와 같다면 많지 않겠느냐?

爾所國土中(이소국토중) : 이 국토 중에

所有衆生(소유중생) : 있는 중생의

若干種心(약간종심) : 약간의 차별된 마음가짐이라도

如來悉知(여래실지) : 여래는 다 아나니

如來說 諸心(여래설 제심) : 여래가 설한 모든 마음들은

皆爲非心(개위비심) : 모두 마음이 아니니

是名爲心(시명위심) : 이 이름이 마음이기 때문이다.

所以者何(소이자하) : 그 까닭이 무었이냐, 무슨 까닭인가, 어째서 인가

過去心 不可得(과거심 불가득) : 과거의 마음도 얻지 못하며

現在心 不可得(현재심 불가득) : 현재의 마음도 얻지 못하며

未來心 不可得(미래심 불가득) : 미래의 마음도 얻지 못함이니라.

19. 법계통화분 (法界通化分 : 법계를 통하여 교화함)

　수보리야! 너의 생각은 어떠하냐? 만약 어떤 사람이 삼천대천세계에 가득 찬 칠보로 보시에 쓴다면 이 사람이 이 인연으로써 얻는 복이 많겠느냐?

　그렇습니다. 세존이시여! 이 사람이 이 인연으로써 얻는 복이 매우 많습니다.

　수보리야! 만약 복덕이 실다움이 있다면 여래는 얻는 복덕이 많다고 말하지 않느니라. 이 복덕이 없으므로 여래는 얻는 복덕이 많다고 말씀하시느니라.

若有人(약유인) : 만약 어떤 사람이

滿三千大千世界七寶(만삼천대천세계칠보) : 삼천대천세계에 가득 찬
　　　　칠보로

以用布施(이용보시) : 보시에 쓴다면, 보시하면

是人(시인) : 이 사람이

以是因緣(이시인연) : 이 인연으로써, 이 인연으로

得福 多不(득복 다부) : 얻는 복이 많겠느냐?

如是(여시) : 이와 같습니다, 그렇습니다.

此人(차인) : 이 사람이

甚多(심다) : 매우 많습니다.

若福德(약복덕) : 만약 복덕이

有實(유실) : 실다움이 있으면,

※ 유실(有實) : 형상이 있으면 영원한 행복이 아니다. 왜냐하면 깨달음을
　　　　　　　이루지 못함이다.

如來 不說得福德多(여래 불설득복덕다) : 여래는 얻는 복덕이 많다고
　　　　말하지 않으니

以福德(이복덕) : 이 복덕이

無故(무고) : 없으므로,

※ 無實(무실) : 형상이 없으므로 아상을 소멸하고 부처님 만난 복으로

如來說得福德多(여래설득복덕다) : 여래는 얻는 복덕이 많다고 말씀
　　　　하시느니라.

20. 이색이상분 (離色離相分 : 색과 상을 떠나다)

수보리야! 너의 생각은 어떠하냐? 여래를 가히 구족한 색신으로
보겠느냐?

아닙니다. 세존이시여! 여래를 응당 구족한 색신으로 볼 수 없습니다.
왜냐하면 여래께서 설하신 구족색신은 곧 구족색신이 아님이니
이 이름이 구족색신입니다.

수보리야! 너의 생각은 어떠하냐? 여래를 가히 구족한 모든 상으로써
보겠느냐?

아닙니다. 세존이시여! 여래를 응당 구족한 모든 상으로써 볼 수
없습니다. 왜냐하면 여래께서 설하신 구족한 모든 상은 곧 구족이
아니니 이 이름이 구족한 모든 상입니다.

具足(구족) : 충분히 갖추어져 있음

色身(색신) : 물질적 존새로서 형체를 가진 몸

可以具足色身 見不(가이구족색신 견부) : 가히 구족한 색신으로 보겠느냐?

※ (六祖解) 부처님의 뜻은 중생이 法身(법신)을 보지 못하고 다만 삼십이상과 팔십종호의 紫磨金(자마금) 빛 몸만을 보고서 여래의 참몸을 삼을까 염려하시어, 이 미혹을 없애기 위하여 수보리에게 '부처님을 가이 구족한 색신으로 볼 수 있느냐?'고 물으셨다.

如來 不應以具足色身 見(여래 불응이구족색신 견) : 여래를 응당 구족한 색신으로써 볼 수 없음이니

如來說 具足色身(여래설 구족색신) : 여래께서 설하신 구족색신은

卽非具足色身(즉비구족색신) : 곧 구족색신이 아님이니

是名具足色身(시명구족색신) : 이 이름이 구족색신이니다.

可以具足諸相(가이구족제상) : 가히 구족한 모든 상으로써

如來 可以具足諸相 見不(여래 가이구족제상 견부) : 여래를 가이 구족한 모든 상으로써 보겠느냐?

如來 不應以具足諸相 見(여래 불응이구족제상 견) : 여래를 응당 구족한 모든 상으로써 볼 수 없음이니

如來說 諸相具足(여래설 제상구족) : 여래께서 설하신 구족한 모든 상은

卽非具足(즉비구족) : 즉 구족(갖춤)이 아니니

是名諸相具足(시명제상구족) : 이 이름이 구족한 모든 상입니다.

21. 비설소설분 (非說所說分 : 설함도 설한 바도 아니다)

수보리야! 너는 여래께서 '나는 마땅히 설한 법이 있다'는 생각을 말하지 말며 이런 생각도 하지 말라. 왜냐하면 만약 어떤 사람이 여래께서 설한바 법이 있다고 말하면 곧 부처님을 비방하는 것이며 능히 내가 설한 법을 이해하지 못한 까닭이니라.

수보리야! 설법이라는 것은 법은 가히 설할 것이 없으니 이 이름이 설법이니라.

그때 혜명 수보리가 부처님께 여쭈었습니다.

세존이시여! 자못 어떤 중생이 오는 세상에 이 법 설함을 듣고 믿는 마음을 내겠습니까?

부처님께서 말씀하셨습니다.

수보리야! 저들은 중생이 아니며 중생이 아닌 것도 아니니라. 왜냐하면 수보리야! 중생 중생이라는 것은 여래는 중생이 아니라 말씀하시니 이 이름이 중생이니라.

勿(물) : 없을 물, 말 물(禁止辭, 마라), 바쁠 물

謂(위) : 이를 위, 일컬을 위, 고할 우, 이름 위, 까닭 위

汝勿謂(여물위) : 너는 말하지 마라

我當有所說法(아당유소설법) : 내가 마땅히 설한 법이 있다

汝勿謂 如來作是念 我當有所說法(여물위 여래작시념 아당유소설법) :
　　　　너는 여래께서 '나는 마땅히 설한 법이 있다'는 생각을 한다고
　　　　말하지 마라.

莫作是念(막작시념) : 이런 생각을 하지 마라

若人(약인) : 만약 어떤 사람이

言 如來 有所說法(언 여래 유소설법) : 여래께서 설한 법이 있다고 말하면

卽爲謗佛(즉위방불) : 곧 부처님을 비방하는 것이며

不能解我所說故(불능해아소설고) : 능히 내가 설한 바를 이해하지 못한
　　　　까닭이니라.

說法者(설법자) : 설법이란 것은, 법을 설함이라 함은

無法可說(무법가설) : 법은 가히 설할 것이 없으니

是名說法(시명설법) : 이 이름이 설법이니라.

爾時(이시) : 그때, 그 당시

慧命(혜명) : 比丘(비구)를 존칭 慧命이라 함.

慧命須菩提 白佛言(혜명수보리 백불언) : 혜명 수보리가 부처님께 여쭈었다

頗有衆生(파유중생) : 자못 어떤 중생이

於未來世(어미래세) : 미래세에, 오는 세상에

聞說是法(문설시법) : 이 법 설함을 듣고

生信心不(생신심부) : 믿는 마음을 내겠습니까?
彼非衆生(피비중생) : 저들은 중생이 아니며
非不衆生(비불중생) : 중생이 아닌 것도 아니니
衆生衆生者(중생중생자) : 중생 중생이라는 것은
如來說 非衆生(여래설 비중생) : 여래는 중생이 아니라 말씀하시니
是名衆生(시명중생) : 이 이름이 중생이니라.

22. 무법가득분 (無法可得分 : 법은 가이 얻을 것 없다)

수보리가 부처님께 여쭈었습니다.

세존이시여! 부처님께서 아뇩다라삼먁삼보리를 얻은 것은 얻은바가 없으십니까?

부처님께서 말씀하셨습니다.

그렇고 그렇다. 수보리야! 내가 아뇩다랴삼먁삼보리에서 나아가 작은 법도 얻음이 없으니 이 이름이 아뇩다라삼먁삼보리이니라.

佛 得阿耨多羅三藐三菩提(불 득아뇩다라삼먁삼보리) : 부처님께서
　　　아뇩다라삼먁삼보리를 얻은 것은
爲無所得耶(위무소득야) : 얻은 바가 없으십니까?
如是如是(여시여시) : 이와 같다 이와 같다. 그렇고 그렇다.
我於阿耨多羅三藐三菩提(아어아뇩다라삼먁삼보리) : 내가 아뇩다라
　　　삼먁삼보리에서
乃至無有少法可得(내지무유소법가득) : 내지(나아가, 또한) 작은 법도
　　　얻음이 없으니
是名阿耨多羅三藐三菩提(시명아뇩다라삼먁삼보리) : 이 이름이 아뇩
　　　다라삼먁삼보리이니라

23. 정심행선분 (淨心行善分 : 깨끗한 마음으로 선을 행함)

또한 수보리야! 이 법이 평등하여 높고 낮음이 없으니 이 이름이 아뇩다라삼먁삼보리니라.

나도 없으며 사람도 없으며 중생도 없으며 수자도 없음으로써 일체의 선법을 닦으면 곧 아뇩다라삼먁삼보리를 얻느니라.

수보리야! 선법이라 말하는 것은 여래는 곧 선법이 아니라고 말씀 하시니 이 이름이 선법이니라.

復此(부차) : 또 다음으로

是法(시법) : 이 법,

※ (六祖解) 佛法, 菩提法, 위로는 모든 부처님에 이르고 아래로는 벌레에 이르기 까지 모두 일체 종지를 머금어 부처님과 더불어 다름이 없으므로 평등하여 높고 낮음이 없다고 말한 것이다.

以無我 無人 無衆生 無壽者(이무아 무인 무중생 무수자) : 나도 없으며, 사람도 없으며, 중생도 없으며, 수자도 없음으로써

修一切善法(수일체선법) : 일체의 착한 법을 닦으면,

※ (六祖解) 菩提(보리)는 둘이 없으므로 단지 四相을 떠나서 일체선법을 닦으면 곧 보리를 얻는다.

所言善法者(소언선법자) : 말한바 선법은, 착한 법이라 말하는 것은

卽非善法(즉비선법) : 곧 선법이 아니니

是名善法(시명선법) : 이 이름이 선법이니라.

24. 복지무비분 (福智無比分 : 복덕은 지혜의 공덕에 비교될 수 없다)

수보리야! 삼천대천세계 가운데 있는 모든 수미산만한 이와 같은 칠보무더기를 어떤 사람이 가지고 보시에 쓰더라도 만약 어떤 사람이 이 반야바라밀경이나 또한 사구게 등을 받아 지니고 읽고 외워서 다른 사람을 위하여 설하면 앞의 복덕은 백분에 일에도 미치지 못하며 백천만억분과 또한 산수 비유에도 능히 미치지 못하느니라.

若三千大千世界中(약삼천대천세계중) : 만약 삼천대천세계 가운데
須彌山王(수미산왕) : 세계에서 가장 큰산 중에서도 왕이되는 어떤
          산과도 비교할 수 없는 절대적인 산이라는 뜻
所有諸須彌山王(소유제수미산왕) : 있는바 모든 수미산만한
如是等七寶聚(여시등칠보취) : 이와 같은 칠보 무더기를
有人(유인) : 어떤 사람이
持用布施(지용보시) : 가지고 보시에 쓰더라도
若人(약인) : 만약 어떤 사람이
以此般若波羅蜜經(이차반야파라밀경) : 이 반야바라밀경이나
乃至四句偈等(내지사구게등) : 내지(나아가, 또한) 사구게 등을
受持讀誦(수지독송) : 받아 지니고 읽고 외워서
爲他人說(위타인설) : 다른 사람을 위하여 설하면
於前福德(어전복덕) : 앞의 복덕은
百分 不及一(백분 불급일) : 백분의 일에도 미치지 못하며
百千萬億分(백천만억분) : 백천만억분과
乃至算數譬喩(내지산수비유) : 내지(나아가,또한) 산수 비유에도
所不能及(소불능급) : 능히 미치지 못하느니라.

25. 화무소화분 (化無所化分 : 교화하되 교화한바 없다)

　　수보리야! 너의 생각은 어떠하냐? 너희들은 여래가 '내가 마땅히 중생을 제도 한다'는 이런 생각을 한다고 말하지 말라.

　　수보리야! 이런 생각을 짓지 마라. 왜냐하면 실로 여래가 제도한 중생이 없느니라. 만약 여래가 제도한 중생이 있다면 여래도 곧 나와 사람과 중생과 수자가 있음이니라.

　　수보리야! 여래께서 말씀하신 '내가 있다'는 것은 곧 내가 있음이 아니거늘 범부의 사람들은 내가 있다고 한다. 수보리야! 범부라는 것은 여래께서는 곧 범부가 아니라고 말씀하시니 이 이름이 범부니라.

汝等(여등) : 너희들은

勿謂如來作是念　我當度衆生(물위여래작시념　아당도중생) : 여래가 '내가 마땅히 중생을 제도 한다'는 이런 생각을 한다고 말하지 마라.

莫作是念(막작시념) : 이런 생각을 짓지 마라.

實無有衆生　如來度者(실무유중생　여래도자) : 실로 여래가 제도한 중생이 없으니

若有衆生　如來度者(약유중생 여래도자) : 만약 여래가 제도한 중생이 있다면

如來　卽有我　人　衆生　壽者(여래 즉유아 인 중생 수자) : 여래도 곧 나와 사람과 중생과 수자가 있음이니라.

如來說　有我者(여래설 유아자) : 여래께서 말씀하신 내가 있다는 것은

卽非有我(즉비유아) : 곧 내가 있음이 아니거늘

凡夫(범부) : 보통 사람, 지혜가 얕고 우둔한 중생,

※ (六祖解) 나·사람 등이 있으면 곧 범부요 나·사람 등이 생기지 않으면 곧 범부가 아니며, 마음에 생멸이 있으면 곧 범부요 마음에 생멸이 없으면 곧 범부가 아니며, 바라밀다를 깨닫지 못하면 범부요 바라밀다를 깨달으면 곧 법부가 아니다

而凡夫之人(이범부지인) : 범부의 사람들이

以爲有我(이위유아) : 내가 있다고 하나

凡夫者(범부자) : 범부는, 범부라 함은, 범부라는 것은,('者'는 어조사)

如來說 即非凡夫(여래설 즉비범부) : 여래께서는 곧 범부가 아니라고
　　　말씀하시니

是名凡夫(시명범부) : 이 이름이 범부니라.

26. 법신비상분 (法身非相分 : 법신은 상이 아니다)

　수보리야! 너의 생각은 어떠하냐? 가히 삼십이상으로써 여래를 볼 수 있느냐?

　수보라가 말씀드렸습니다.

　그렇고 그렇습니다. 삼십이상으로써 여래를 볼 수 있습니다.

　부처님께서 말씀하셨습니다.

　수보리야! 만약 삼십이상으로써 여래를 볼 수 있는 것이라면 전륜성왕도 곧 여래라 하겠느냐?.

　수보리가 부처님께 말씀드렸습니다.

　세존이시여! 제가 부처님께서 말씀하신바 뜻을 이해하기로는 응당 삼십이상으로는 여래를 볼 수 없습니다.

　그때 세존께서 게송으로 말씀하셨습니다.

　만약 형상으로 나를 보거나, 음성으로 나를 구하면

　이 사람은 삿된 도를 행함이니, 능히 여래를 보지 못하니라.

可以三十二相(가이삼십이상) : 가히 32상으로써

觀(관) : 볼 관, 점칠 관, 나타낼 관, 보일 관, 모양 관, 생각 관, 집 관.

觀如來不(관여래부) : 여래를 볼 수 있느냐?

觀如來(관여래) : 여래를 볼 수 있습니다.

若以三十二相(약이삼십이상) : 만약 32상으로써

觀如來者(관여래자) : 여래를 볼 수 있는 것이라면(여래를 볼 수 있다면)

轉輪聖王(전륜성왕) : 수미산 바깥쪽 4주의 세계를 통솔하는 대왕

卽是如來(즉시여래) : 곧 여래라 할 것이냐?

如我解佛所說義(여아해불소설의) : 제가 부처님께서 말씀 하신 바 뜻을
　　　이해하기로는

不應以三十二相 觀如來(불응이삼십이상 관여래) : 응당 32상으로는
　　　여래를 볼 수 없습니다.

而說偈言(이설게언) : 게송으로 설하여 말씀하시되

若以色見我(약이색견아) : 만약 형상으로 나를 보거나

以音聲求我(이음성구아) : 음성으로 나를 구하면

是人行邪道(시인행사도) : 이 사람은 삿된 도를 행함이니

不能見如來(불능견여래) : 능히 여래를 보지 못하니라.

27. 무단무멸분 (無斷無滅分 : 끊어짐도 멸함도 없다)

수보리야! 네가 만약 '여래가 구족된 상이 아님으로써 아뇩다라삼
먁삼보리를 얻으셨다'라는 이런 생각을 하느냐?

수보리야! '여래가 구족된 상이 아님으로써 아뇩다라삼먁삼보리를
얻으셨다'라는 이런 생각을 하지마라.

수보리야! 네가 만약 아뇩다라삼먁삼보리심을 내는 이는 모든 법이
끊어지고 멸하는 이런 생각을 말하는가? 이런 생각을 하지마라.

왜냐하면 아뇩다라삼먁삼보리심을 내는 이는 법이 끊어지고 멸하는
상(相)이라고 말하지 않기 때문이니라.

汝若作是念(여약작시념) : 네가 만약 이런 생각을 하기를

具足(구족) : 충분히 갖추어져 있음

不以具足相故(불이구족상고) : 구족된 상이 아닌 고로

汝若作是念 如來 不以具足相故 得阿耨多羅三藐三菩提(여약작시념 여래 불이구족상고 득아누다라삼막삼보제) : 네가 만약 '여래가 구족된 상이 아닌 고로 아뇩다라삼막삼보리를 얻으셨다'라는 이런 생각을 하느냐?

莫作是念(막작시념) : 이런 생각을 하지 마라.

莫作是念 如來 不以具足相故 得阿耨多羅三藐三菩提(막작시념 여래 불이구족상고 득아누다라삼막삼보제) : '여래가 구족된 상이 아닌 고로 아뇩다라삼막삼보리를 얻으셨다'라는 이런 생각을 하지 마라.

發阿耨多羅三藐三菩提心者(발아뇩다라삼막삼보리심자) : 아뇩다라삼막삼보리의 마음을 내는 이는

說諸法斷滅(설제법단멸) : 모든 법이 끊어지고 멸한다고 말하는가?

於法(어법) : 법에

不說斷滅相(불설단멸상) : 단멸상(끊어지고 멸하는 상)을 말하지 않느니라.

28. 불수불탐분 (不受不貪分 : 받지도 않고 탐하지도 않음)

수보리야! 만약 보살이 항하강 모래수와 같은 세계에 가득한 칠보를 가지고 써서 보시하여도, 만약 또 어떤 사람이 '일체의 법이 내가 없음'을 알아서 인내를 얻어 이루면 이 보살은 앞의 보살이 얻은 공덕보다 더 나을 것이다.

왜냐하면 수보리야! 모든 보살들은 복덕을 받지 않기 때문이니라.

수보리가 부처님께 말씀드렸습니다.

세존이시여! 어찌하여 보살이 복덕을 받지 않습니까?

수보리야! 보살은 지은 복덕을 응당 탐하거나 집착하지 않으니 이런 고로 복덕을 받지 않는다고 말하느니라.

以滿恒河沙等 世界七寶(이만항하사등 세계칠보) : 항하강 모래수와
　　같은 세계에 가득한 칠보로
持用布施(지용보시) : 가지고 써서 보시하여도
若復有人(약부유인) : 만약 또 어떤 사람이
知一切法無我(지일체법무아) : 일체의 법이 나(我) 없음을 알아서
得成於忍(득성어인) : 인내를 얻어 이루면
勝前菩薩 所得功德(승전보살 소득공덕) : 앞의 보살이 얻은 공덕보다
　　더 나을 것이니
以諸菩薩(이제보살) : 모든 보살들이
不受福德故(불수복덕고) : 복덕을 받지 않기 때문이니라.
云何菩薩(운하보살) : 어찌하여 보살이
不受福德(불수복덕) : 복덕을 받지 않습니까?,
※ (六祖解) 보살이 지은 복덕은 자기를 위함이 아니라 그 뜻이 일체
　　중생을 이롭게 함에 있으므로 '복덕을 받지 않는다'고 한다.
所作福德(소작복덕) : 지은 복덕을
不應貪着(불응탐착) : 응당 탐하거나 집착하지 않으니
說不受福德(설불수복덕) : 복덕을 받지 않는다고 말하느니라.

29. 위의적정분 (威儀寂靜分 : 여래의 위의는 적정하다)

　수보리야! 어떤 사람이 말하기를 여래가 오거나 가거나 앉거나
눕는다고 하면 이 사람은 내가 설한바 뜻을 이해하지 못한 것이다.
　왜냐하면 여래라 함은 어디로부터 온 곳도 없으며 또 가는 곳도
없으니 그러므로 여래라 이름 하느니라.

寂靜(적정) : 몸과 마음이 흔들리지 않고 아주 고요함, 번뇌를 떠나
　　苦를 滅한 解脫, 涅槃의 경지.

如來 若來 若去 若坐 若臥(여래 약래 약거 약좌 약와) : 여래가
　　　　오거나 가거나 앉거나 눕는다고 하면
不解我所說義(불해아소설의) : 내가 설한 바 뜻을 이해하지 못함이니
無所從來(무소종래) : 어디로부터 온 곳도 없으며
亦無所去(역무소거) : 또 가는 곳도 없으니
故名如來(고명여래) : 그러므로 여래라 이름 하느니라.

30. 일합이상분 (一合理相分 : 하나로 합해진 진리의 상)

　　수보리야! 만약 선남자 선여인이 삼천대천세계를 부수어 작은 티끌을
만들면 너의 생각은 어떠하냐? 이 작은 티끌들이 많지 않겠느냐?
　　수보리가 말씀드렸습니다.
　　매우 많습니다. 세존이시여! 왜냐하면 만약 이 작은 티끌들이 실제로
있는 것이라면 부처님께서 곧 작은 티끌들이 라고 말씀하시지 않으셨을
것입니다. 무슨 까닭인가 부처님께서 설하신 미진중은 곧 미진중이
아니니 이 이름이 미진중입니다.
　　세존이시여! 여래께서 설하신 삼천대천세계는 곧 세계가 아니니
이 이름이 세계입니다. 왜냐하면 만약 세계가 실제로 있는 것이라면
곧 이것은 하나로 모여진 상이니 여래께서 설하신 일합상은 곧 일합상이
아니니 이 이름이 일합상입니다.
　　수보리야! 일합상이라는 것은 곧 이것은 설할 수 없는 것이나 다만
범부들의 사람들이 그 일에 탐착하는 것뿐이니라.

微塵(미진) : 아주 작은 티끌,
※ (六祖解) 중생들의 성품위에 있는 妄念(망념)이라는 작은 티끌의
　　수가 삼천대천세계 가운데 있는 작은 티끌과 같음을 비유한 것.
碎爲微塵(쇄위미진) : 부수어 작은 티끌을 만들면
是微塵衆(시미진중) : 이 작은 티끌들이

寧爲多不(영위다부) : 많지 않겠느냐?

若是微塵衆(약시미진중) : 만약 이 작은 티끌들이

實有者(실유자) : 실제로 있는 것이라면

卽不說 是微塵衆(즉불설 시미진중) : 곧 이 작은 티끌들이라고 말씀
하시지 않으셨을 것이니

所以者何(소이자하) : 그 까닭이 무었이냐, 무슨 까닭인가, 어째서 인가

佛說 微塵衆(불설미진중) : 부처님께서 설하신 미진중은

卽非微塵衆(즉비미진중) : 곧 미진중이 아니니

是名微塵衆(시명미진중) : 이 이름이 미진중이니다.

三千(삼천) : 3천,

※ (六祖解) 삼천의 이치를 말하면 곧 탐심·성냄·어리석음의 妄念된
생각이 천 가지씩 갖춰진 것이다.

大千世界(대천세계) : 4천하를 천개 곱한 것을 소천세계, 이 소천세계의
천배를 중천세계, 중천세계의 천배를 1대천
세계 또는 3대천
세계 라 함.

※ (六祖解) 마음은 善과 惡의 근본이라 능히 범부도 되고 성인도 되어
움직임과 고요히 있음을 헤아릴 수 없어 크고 넓어 끝이 없으니
대천세계라 이름 한다.

如來所說 三千大千世界 卽非世界 是名世界(여래소설 삼천대천세계
즉비세계 시명세계) : 여래께서 설하신 삼천대천세계는 곧 세계가 아니니
이 이름이 세계이니다.

若世界 實有者(약세계 실유자) : 만약 세계가 실제로 있는 것이라면

一合相(일합상) : 하나로 모여진 相, 이 세계는 微塵衆이 集合하여
된 것이므로 세계를 一合相이라 함,

※ (六祖解) 마음에 얻을 바가 있으므로 곧 하나로 모여진 相이 아니요,
마음에 얻을 바 없으므로 이것을 하나로 모여진 相이라 이름한다.
一合相은 거짓이름으로 무너뜨리지 않고 (존재의) 實相(참모습)을
말하는 것이다.

卽是一合相(즉시일합상) : 곧 이것은 하나로 모여진 상이니

如來說 一合相 卽非一合相 是名一合相(여래설 일합상 즉비일합상
　　시명일합상) : 여래께서 설하신 일합상은 곧 일합상이 아니니
　　이 이름이 일합상입니다.
一合相者(일합상자) : 일합상이라는 것은
卽是不可說(즉시불가설) : 곧 이것은 설할 수 없는 것이나
但凡夫之人(단범부지인) : 다만 범부의 사람들이
貪着其事(참착기사) : 그 일에 탐착하는 것이니라.

31. 지견불생분 (知見不生分 : 지견을 내지 마라)

　수보리야! 만약 어떤 사람이 말하기를 부처님께서 아견 인견 중생견
수자견을 설하셨다 하면 수보리야! 너의 생각은 어떠하냐? 이 사람이
내가 설한바 뜻을 이해하느냐?
　아닙니다. 세존이시여! 이 사람은 여래께서 설하신바 뜻을 이해하지
못한 것입니다. 왜냐하면 세존께서 설하신 아견 인견 중생견 수자견은
곧 아견 인견 중생견 수자견이 아니니 이 이름이 아견 인견 중생견
수자견입니다.
　수보리야! 아뇩다라삼먁삼보리심을 내는 이는 일체법에 응당 이와 같이
알며 이와 같이 보며 이와 같이 믿고 이해하여 법상을 내지 말아야
하느니라.
　수보리야! 말한바 법상이라는 것은 여래는 법상이 아니라 말씀하시니
이 이름이 법상이니라.

若人(약인) : 만약 어떤 사람이
我見(아견) : 나라는 견해,
※ (六祖解) 여래께서 말씀하신 나·사람 등의 견해는 범부의 나·사람 등의
　견해와 같지 않으니, 여래께서 일체 중생이 모두 불성이 있음을
　설하신 것이 眞我見(참된 나) 이라는 견해요.

人見(인견) : 사람이라는 견해,

※ (六祖解) 일체 중생의 번뇌 없는 지혜의 성품이 본래 스스로 갖추어 졌다고 설함이 곧 사람이라는 견해요.

衆生見(중생견) : 중생이라는 견해,

※ (六祖解) 일체 중생이 본래 번뇌가 없다고 설함이 곧 중생이라는 견해요.

壽者見(수자견) : 목숨이 정해진 것이라는 견해,

※ (六祖解) 일체 중생이 본래 스스로 나지도 않고 사라지지도 않는다고 설함이 곧 목숨있는 것이라는 견해이다.

佛說我見 人見 衆生見 壽者見(불설아견 인견 중생견 수자견) : 부처님께서 아견 인견 중생견 수자견을 설하셨다 하면

解我所說義不(해아소설의부) : 내가 설한 바 뜻을 이해하느냐?

不解如來所說義(불해여래소설의) : 여래께서 설하신바 뜻을 이해하지 못함이니

發阿耨多羅三藐三菩提心者(발아뇩다라삼먁삼보리심자) : 아뇩다라삼 먁삼보리의 마음을 낸 이는

於一切法(어일체법) : 일체 법에

應如是知(응여시지) : 응당 이와 같이 알며

如是見(여시견) : 이와 같이 보며

如是信解(여시신해) : 이와 같이 믿고 이해하여(깨달아서)

法相(법상) : 법이라는 모양, 진리라는 생각

不生法相(불생법상) : 법상을 내지 말아야 하느니라.

所言法相者(소언법상자) : 말한바 법상이라는 것은

卽非法相(즉비법상) : 곧 법상이 아니니

是名法相(시명법상) : 이 이름이 법상이니라.

32. 응화비진분 (應化非眞分 : 應身(응신)은 眞身(진신)이 아니다)

수보리야! 만약 어떤 사람이 한량없는 아승기 세계에 가득 찬 칠보를 가지고 써서 보시하여도 만약 어떤 선남자 선여인이 있어 보살심을 낸 이가 이 경을 가지고 나아가 사구게 등을 받아 지니고 읽고 외워서 남을 위해 연설하면 그 복이 저것보다 나을 것이니 어떻게 남을 위하여 연설할 것인가?

상에 취하지 아니하여 여여하게 흔들리지 않음이니라. 왜냐하면

일체 현상계의 모든 생멸법은 꿈과 같고 환상과 같고 물거품과 같고 그림자 같으며,

이슬과도 같고 또한 번개와도 같으니 응당 이와 같이 관해야 하느니라.

부처님께서 이 경을 설하여 마치시니 장로수보리와 여러 비구 비구니 우바새 우바이와 일체세간의 하늘 인간 아수라가 부처님의 설하심을 듣고 크게 기뻐하여 믿고 받아 받들어 행하였습니다.

금강반야바라밀경 끝

應化(응화) : 불 보살이 중생의 근기에 맞게 여러 가지 모습으로 몸을 나타내는 것
我僧祇世界(아승기세계) : 인도에서 수로 표현될 수 없는 가장 많은 수를 아승기라 하는데, 그 많은 수의 세계.
以滿無量阿僧祇世界七寶(이만무량아승기세계칠보) : 한량없는 아승기 세계에 가득찬 칠보로
持用布施(지용보시) : 가지고 써서 보시하여도
發菩薩心者(발보살심자) : 보살심을 낸 이가
持於此經(지어차경) : 이 경을 지니고(가지고)

乃至四句偈等(내지사구게등) : 내지(나아가, 또한) 사구게 등을

受持讀誦(수지독송) : 받아 지니고 읽고 외워서

爲人演說(위인해설) : 남을 위해 연설하면

勝彼(승피) : 저(칠보로 보시한) 것 보다 나으리니

云何(운하) : 어떻게, 어찌하여, 어떠한가

云何爲人演說(운하위인연설) : 어찌하여 남을 위하여 풀어 설하는가?

不取於相(불취어상) : 상에 취하지 아니하여, 마음으로 분별을 내거나
　　　　　　들뜨지 말라는 뜻.

如如不動(여여부동) : 여여하게 흔들리지 않음이니라, 마음으로 동요
　　　　　　하지 말라는 뜻.

有爲法(유위법) : 여러 인연의 화합에 의해 만들어진 생성과 소멸의
　　　　　　현상세계의 모든 개별 존재. 내 분별 망상을 말함.

一切有爲法(일체유위법) : 일체 현상계의 모든 생멸법은

如夢幻泡影(여몽환포영) : 꿈과 같고 환상과 같고 물거품과 같고
　　　　　　그림자 같으며

如露亦如電(여로역여전) : 이슬과도 같고 또한 번개와도 같으니

應作如是觀(응작여시관) : 응당 이와 같이 관해야 하느니라.

佛說是經已(불설시경이) : 부처님께서 이 경을 설하여 마치시니

長老須菩提(장로수보리) : 장로 수보리와

及諸比丘 比丘尼 優婆塞 優婆夷(급제비구 비구니 우바새 우바이) :
　　　　　　여러 비구 비구니 우바새 우바이와

一切世間 天人阿修羅(일체세간 천인아수라) : 모든 세간의 하늘 인간
　　　　　　아수라가

聞佛所說(문불소설) : 부처님의 설하심을 듣고

皆大歡喜(개대환희) : 모두 크게 기뻐하여

信受奉行(신수봉행) : 믿고 받아 받들어 행하였느니라.